华章经管

HZBOOKS | Economics Finance Business & Management

新常态
中国发展如何进行下去

高连奎 著

图书在版编目（CIP）数据

新常态：中国发展如何进行下去 / 高连奎著．—北京：机械工业出版社，2015.6

ISBN 978-7-111-50277-7

Ⅰ．新…　Ⅱ．高…　Ⅲ．中国经济－经济发展－研究　Ⅳ．F124

中国版本图书馆 CIP 数据核字（2015）第 095456 号

新常态不仅是中国经济发展的新阶段，也是一种新型的经济治理理念，在改革后半程，中国如何将发展进行下去？未来 30 年中国经济应该怎样布局？中国如何才能规避风险，抓住机会，并让老百姓从发展中受益？中国如何才能建立一套符合国情的经济治理理念？如何建立“成功的市场经济”？本书从货币、金融、增长、转型升级等中国最核心的经济问题入手，并从“经济学学理”的角度对中国经济进行了一次通盘分析，旨在形成一套适用于中国的经济分析理念与经济发展战略。

本书不仅对当下最棘手的诸如雾霾和高房价等问题给出了政策建议，而且从长远角度提出了战略主张，并就如何对经济进行“精准治理”，以达到“无波动增长”给出了分析。这是作者对经济危机后一系列政策思考的结果，提供的是与常规思考不一样的答案，其论断新颖、独到，不仅能让读者豁然开朗，也是政府的有益参考。

新常态：中国发展如何进行下去

出版发行：机械工业出版社（北京市西城区百万庄大街 22 号　邮政编码：100037）

责任编辑：卜龙祥　　责任校对：董纪丽

印　　刷：北京诚信伟业印刷有限公司　　版　　次：2015 年 6 月第 1 版第 1 次印刷

开　　本：170mm×242mm　1/16　　印　　张：15

书　　号：ISBN 978-7-111-50277-7　　定　　价：40.00 元

凡购本书，如有缺页、倒页、脱页，由本社发行部调换

客服热线：（010）68995261　88361066　　投稿热线：（010）88379007

购书热线：（010）68326294　88379649　68995259　　读者信箱：hzjg@hzbook.com

推荐序

FOREWORD

不仅自己要解放思想，还要帮助别人更新思想

中国已经进入了一个不可逆转的伟大时代。这不仅由于中国的经济规模已跃居全球第二位且正日益接近第一位，也不仅由于中国人的生存与发展高度融合到全球化进程中了，而且由于中国的国家道路、治理模式、文明力量正在向世界的中心移动。

当高连奎先生将他的书稿交给我，我快速浏览了之后，深感我们的心灵是相通的。每一位善于思考的人，都应该把闪亮的思想奉献出来，使之服务于我们这个伟大的时代。

我认真阅读了连奎的书稿，对他针对金融危机之后中国经济现状的思考，总体上是赞成的。客观而言，无论是货币政策、投资政策、房地产政策这些关系到经济运行大局的“抓手”，还是经济规律、经济学理论、政府运作模式这样的“务虚标的”，我们在执行中都有不同程度的偏差。

早在 2013 年 6 月，面对中国经济减速问题，有“高明的外国大夫”主动开出药方，即去杠杆、不刺激、搞改革。这个看似市场化的一揽子方案，很是受到一些人的追捧。他们以为中国经济到了完全靠消费拉动的新阶段，结果是货币政策扭扭捏捏，前期项目投资拖拖拉拉，对于资本市场发展羞羞答答，其结果是贻误发展良机，加大改革成本。就拿房地产市场来说，长期缺少保障房

建设这门功课，把住房需求完全赶到市场上，房价能不高吗？把压房价作为政府工作目标，不但成本畸高，而且伤害市场机制。特别是，房地产作为重要基础产业（与“支柱产业”的提法不同），环球无异，我们没有必要刻意否认，搞鸵鸟政策。应该把政府该做的做好，把市场该干的放开。进入 2015 年，中央政府高度重视投资拉动的重要作用，“稳定住房需求”的提法重新回到了公众的视野，这是十分务实的选择。

连奎的书中，洋溢着一个负责任的经济学家的热情，充盈着一个现实思辨者的冷静。他明确提出，中国自缚手脚，搞出一场“经济萧条”是没有必要的；没有一劳永逸的改革，经济增长实干也重要；经济是个生态系统，基础设施是“树根”；中国经济治理不是实行的凯恩斯主义，而是实事求是；要尊重经济规律，而不是尊重经济现象；现代社会需要具备高层级协调力的“大政府”，等等。这些闪光的经济学思想和国家治理建议，切合了我国经济建设和改革开放新阶段的现实，十分难得。

长期以来，我们在经济管理乃至国家治理中，过度依赖西方国家的理论框架。在中国特色社会主义理论的工具箱里，移植、嫁接的东西比较多，具有自主知识产权的东西不够。有些打着经济学招牌的理论和学说，实际上在隐秘地影响着我们国家的政治进程，这是值得我们高度警惕的。

就我国经济发展决策来说，我们既没有完全采用凯恩斯主义，也没有完全照搬其他什么主义，而是坚持实事求是，根据我们自己的情况，统筹内外因素，拿出自己的主义。顺应我国政治经济社会发展的现实需要，创立符合中国道路、中国模式特点，又与国际潮流相对接的经济学理论，已是当务之急。从这个意义上讲，连奎所说的“不仅自己要解放思想，还要帮助别人更新思想”，我是赞成的。

证券日报社常务副总编辑　董少鹏

2015 年 5 月 23 日

前言
PREFACE

20世纪70年代，邓小平为中国规划了民族复兴“三步走”的伟大战略，按照他的规划，中华民族的复兴历程从1978年实行改革开放开始，到21世纪中叶结束，这中间一共有72年的时间，这72年又可以分为两个阶段，前后各36年，前一个阶段的36年去年已经走完，后一个阶段的36年从2015年正式开始，而正在这前后交接的时刻，中国提出了“新常态”的概念。可谓是对民族复兴第二阶段，中国经济增长第二季的准确概括。

“新常态”由习近平主席于2014年5月在河南考察时首次提及，习近平主席认为：“中国发展仍处于重要战略机遇期，我们要增强信心，从当前中国经济发展的阶段性特征出发，适应新常态。”新常态下，存在着重大机遇，但与此同时也需要我们创新经济治理思路，以解决经济发展过程中的新问题，化解新风险。

在新常态下，中国应该怎么办，中国如何才能将增长保持下去？这将需要新的理论、理念、方法的支撑。**本书更多着眼于解决新常态下，民族复兴的后36年的问题。**

在这后36年，中国的目标也非常明确，那就是将现在人均GDP从现在的6000多美元提升到6万美元，因为到21世纪中叶，主流发达国家的人均GDP将达到6万美元左右。在前36年中国每年保持9%左右的发展速度从来不是问题，然而中国现在却没有这样的自信了，中国从来没有像今天这样焦虑经济的增长问题。而笔者认为中国经济仍然有很大的潜力以保持中高速增长，甚至在一定时期内重回高速增长仍然是有可能的，关键是经济治理方法和经济增长政策的问题，其实对于发展中国家，从来就不缺乏增长的潜力。

根据世界经济发展规律，一个国家要实现发达，一般要经历三个阶段，对这三个阶段可以进行相应量化。第一个阶段是工业化和城市化，只要实行了工业化和城市化，其人均 GDP 达到 1 万多美元是没有问题的。第二个阶段是自主创新和产业自立，一个国家如果实现了自主创新和产业自立，其人均 GDP 达到 2 万美元是没有问题的。第三个阶段是社会福利和社会保障的建立，一个国家如果人均 GDP 要达到 4 万美元，没有社会保障建设是不可能的。第一个阶段的工业化和城市化是通过生活方式的转变来提高消费；第二个阶段的自主创新和产业自立是通过生产方式的转变来提升企业利润，进而带动增长；而第三个阶段的社会福利则是通过社会文明方式的转变来提升弱势群体的消费，从而将整个社会的消费拉升到一个新的水平。总之，每次转变都可以带来消费的大幅提升。

当前中国也需要研究透世界发展的规律，坚定不移、按部就班地做好该做的事情，中国只要按部就班地走完这三个阶段，再加上未来 20 年世界自身的发展进步，到 21 世纪中叶，中国经济达到世界主流发达国家的水平，是完全可以期待的。

"新常态"既是经济发展阶段的新常态，也应该是经济治理理念的新常态。我们要长期保持中高速发展，就需要建立一整套经济治理理念，并且继续完善这些理念，本书就是回顾这一系列过程，并阐释一些新的理念。笔者在书中利用的大部分内容是自己的研究成果，诸如通胀理论、经济压制理论、精准调控理论等原创理论就是这样一种探索。

新常态

目录

CONTENTS

推荐序（证券日报社常务副总编辑　董少鹏）

前　言

第 1 章

一场没必要的中国经济萧条 001

中国经济的冷酷现实 002

本轮经济萧条的来源 004

中国的 M2 是 GDP 的多少倍才合适 006

广义货币背后的四大统计陷阱 013

第 2 章

被货币紧缩扭曲下的中国经济僵局 017

中国产能过剩吗 018

影子银行不过是货币紧缩下的金融扭曲 020

中国经济并不缺乏增长动力 022

政府顾虑与解决建议 026

第 3 章

通胀、增长、货币与生存方式转变 029

通货膨胀是种价格现象 030

经济增长是导致通胀的首要因素 032
通胀与生存方式转变有关 036
“通胀感”不同于通胀 038

第 4 章
货币调控主义的误区 043

为何有时越紧缩反而越通胀 044
紧缩货币是抑制泡沫的良策吗 046
货币主义拯救危机是次优选择 049
美国滞胀何来——单一货币政策惹的货 052

第 5 章
住房难，住房贵，房价与货币的探戈 057

房价推高货币，还是货币推高房价 058
分配、泡沫、投机惹的祸 060
房地产背后的五大“真问题” 062
中国房价崩盘难 064
房价不可能“大降”，买不起房的人也租不起房 066
房地产价格下降危害不大 067
按面积提供保障房更合理 068

第 6 章
无波动增长态 071

精准调控 72
外资投行对“李克强经济学”的扭曲 074
“无波动增长”是经济最优状态 075

从“宏观调控”走向“精准调控” 077
不同经济周期中的货币政策与财政政策 080
货币政策的超调与回调 083

第7章
夯实经济增长的基础，政府扮演的角色 087

没有一劳永逸的改革　经济增长实干也重要 088
产业压制理论：是什么影响了经济增长 092
经济压制理论对政府经济管理的启示 099
培育经济增长点：政府如何分配精力 101
经济是个生态系统，基础设施是树根 102
有效率的组织是经济增长的关键 105

第8章
美国的三大繁荣与中国的反周期操作 113

凯恩斯主义说的是经济周期 114
中国反周期的经济操作没有问题 118
凯恩斯主义没有失败，相反非常成功 120
中国不是凯恩斯主义，而是实事求是 123
美国繁荣与消费主义无关 124

第9章
双引擎背后的经济运行规律 131

政府市场双引擎 132
市场失灵的内在机理 134
尊重经济规律，而非经济现象 139

两种自由主义决定中国命运 142
西方经济学：从自由市场到机制设计 143

第10章
税收与公共投资——中国需警惕“巫毒经济学” 149

巫毒经济学即将袭击中国 150
现代社会要求大政府 153
税收是维持一个国家的文明程度所必需的代价 156
自己的钱自己花效率最高吗 158

第11章
经济转型怎么办 161

辨析投资与消费 162
中国人不消费的说法何来 164
中国投资率真的过高吗 169
中国真的内需不足吗 174

第12章
中国经济未来十年的发展动力 181

为什么说中国经济要多做“乘法” 182
中国经济增长靠什么 187
中国实现收入倍增靠什么 189
经济效率如何提高 191
中国产业如何升级 196
正确认识美国的制造业重振 209

结语 221

一场没必要的中国经济萧条

中国经济的冷酷现实

2015年年初，各种悲观的经济数据纷至沓来。中国2014年GDP增长率仅为7.4%，是1990年以来经济增长最为缓慢的一年。全社会用电量仅略微增长；而铁路货运量则同比下降3.9%，同时CPI、PPI两项指数也创造了2009年11月以来的最低水准，更糟的是中国经济中竟然出现了负增长的省份，比如辽宁2015年前两个月工业增速下降4.5%。中国经济到底怎么了？我们的问题出在哪里？我们这种衰退是必然的吗，是否可以避免？这些是我们不得不深思的问题。

经济危机以来，欧美虚弱，本来是我们弯道超车的好机会，只可惜我们浪费了太多的机遇。而在中国浪费发展机遇的时候，美国则慢慢地走出了危机，2014年美国第3季度经济增长率已经高达5%，第4季度也高达4.3%，美国经济已经创造了11年来的最高，成了经济最强年。目前美国失业率已下降至5.7%的历史低位。两相对比，我们就不得不思考我们的问题到底出在了哪里！

中国数据变得令人担忧不是从2014年开始的，而是从2011年就开始了。我们可以看看以下事实：

- 2011年，15万家中小企业破产。2010年，中国小企业的数量是406 224家，而到了2011年，中国小企业只剩下256 319家，而这大约15万家小企业都是在中国2011年下半年的货币紧缩中破产的。
- 2012年，企业家出现破产跑路潮。到了2012年7月份的时候，财经评论家牛刀宣布了自己的统计数据，据他统计，全国跳楼、跑路的企业家已经达到 560 多人，而这只是公开报道的，那些未公开报道的估计得以千万计。高利贷疯狂，温州、神木、鄂尔多斯三大中国最富有的城市，全民破产；山东邹平民间高利贷泛滥 30 余人因债务纠纷被杀，这仅仅是酿成命案的，其他惨不忍睹的情形还有更多。

- 2013 年 6 月，中国钱荒更加蔓延，甚至中国银行、建设银行都出现了短暂的支付危机，银行间隔夜拆借利率一度高达 30%，而平时 1% 都不到，这样的高利率在世界经济史上都是罕见的。2013 年 7 月 31 日，《人民日报》发表时评“刹住过头税”，同时国税总局也表示，虽然税收收入形势严峻，但要严查过头税行为。中国的企业税收为比例税，当企业经营状况不佳时，税收自动减少，而地方政府又无权提高税率，因而只能今年征明年的税。

货币紧缩、经济减速最直接危害的是企业家，但最终危害的却是那些处于社会最底层的人，比通胀的危害更大。央视《经济半小时》栏目采访过一个在垃圾堆拾荒的老人，她反映，这几年国家经济“紧”，废品都卖不上价，结果他们的收入减半。而这些人是中国最弱势的一族，干的是最脏最累的活，赚的也非常少，而且这些人一般年龄偏大，到了其他行业也很难找到工作。这位老人坦言，他们全家已经 10 多年没有团聚过，最小的孩子见了她连妈都不叫，他们这些人在经济好时，还能勉强维持生活，而在经济萧条的时候，生计都成了问题。

甚至一些媒体公司也成为经济衰退的受害者。2014 年，几大网络门户中的网易和搜狐都搬迁到了新的办公地址，而且网易的一些频道开始允许员工在家里办公，这一般可解读为企业遇到了经营困难。而一家中国最大财经网站的高管也向笔者透露，在 2014 年他们实行了大缩编，很多栏目都没有编辑负责。以中国市场化程度最高、一般被大家认为经营状况应该最好的某知名报业为例，大家就可以看出媒体行业的状况了，该报业从 2010 年就开始亏损，从 2010 年的亏损 100 多万元，扩大到现在的 1 亿多元，甚至亏损还在急速地扩大，一直亏到现在。2010 年实现营业收入 1326 万元，净利润负 109 万元，2012 年南方报业亏损 1.23 亿元。2013 年一季度净亏损 9485 万元。而且笔者还看到一家比较知名的企业家杂志在微信群中寻找买主。“覆巢之下，安有完卵？”在货币紧缩导致的经济萧条面前，大家都是受害者。

本轮经济萧条的来源

这几年笔者受邀做经济报告时，被问得最多的一句话就是“你认为中国这轮经济萧条，是因为‘四万亿’，还是因为‘大紧缩’？”听报告的人往往都会认为是因为“四万亿”，这是媒体告诉他们的答案，但这却是个错误的答案，中国推出四万亿投资时，中国经济何其繁荣，中国经济增长都达到两位数，中国汽车年产销量突破了 2000 万辆，中国百业兴旺，中国企业在国际上到处收购，中国的福利保障节节攀升，怎么可以说四万亿投资制造了中国经济的萧条呢？那中国经济的萧条是从什么时候开始的呢？就是从货币紧缩的时候开始的。2011 年下半年中国经济进入货币紧缩周期，中国经济的萧条也开始了。而这次紧缩的严重程度也是史无前例的，最高时存款准备金提高到了 20%，与此同时，企业钱荒，银行钱荒，企业家跑路，商业领域高利贷横行。

中国这次货币紧缩的力度有多大？我们可以用数据进行分析：中国目前广义货币（M2）余额为 122.84 万亿元，但其中大部分都是“派生货币”。根据央行的数据，相当于真金白银的基础货币的数量只有32万亿元。2014年12月末，本外币存款余额117.37万亿元，即使按照存款准备金18%计算，被冻结货币也有20.2万亿元，这占到基础货币32万亿元的63%。也就是中国有63%的货币躺在央行睡大觉，根本没有处于流通的状态，相当于没有发行，这才是中国这几年一直钱荒的根源。大部分货币都被央行锁了起来，企业和商业银行当然没有钱可用，中国经济怎么可能发展呢！

在民间投资不振的情况下，使政府为了维持经济增长不得不推出“微刺激”。与此同时，严酷的货币政策依然没能放松，民间投资接棒的机会微乎其微，中国经济政策的周期彻底被打乱。其实中国到底有没有超发货币，那舆论所宣扬的通货膨胀预期是否真的存在呢？其实根本不存在。

首先，在中国融资难非常厉害，在全社会融资难的大背景下，鼓噪货币超发不仅是荒唐的，更是可笑的。货币是流动的，可以在不同行业，不同人群中流动的，这种流动可以通过消费、投资、借款、结款等形式出现，在中国融资难是非常明显的。真正的货币宽松下，不可能出现融资难，因为小企业可以向大企业借钱；而大企业向银行借钱，然后再加利息借给小企业，这虽然是违法的，但是民间一直是这么做的。那为什么突然小企业借不到钱了呢？因为大企业也借不到钱了。大河流水小河满，现在是大河也没水了。

其次，中国的通胀并不高，中国在2011年通胀最高，但更多是基于翘尾因素，“翘尾因素”的意思是如果前一年通胀非常低，第二年通胀就会显得比较高，相反如果前一年通胀比较高，第二年就显得比较低，这是因为我们所说的通胀数据都来自统计局发布的同比数据，也就是后一年与前一年的比较。因为“翘尾因素”影响下的统计数据，媒体掉入了“统计陷阱”，2012 年中国的通胀就非常低，大部分月份都是 2 点多，即使考虑“翘尾因素”，也是非常温和的。

中国的 M2 是 GDP 的多少倍才合适

这几年媒体炒作货币超发，其最主要论据就是 M2 与 GDP 的比较，特别是拿这一数据与美国进行比较，可惜这些比较者根本就不懂货币的含义与运转方式。其实中国的 M2 与美国的 M2 完全代表不同的含义，而且即使含义相同，中国的 M2 也应该远远高于美国，因为中国的 M2 代表的是中国几千年的财富积累，而美国的 M2 只代表其两三百年的财富积累，中国历朝历代留下来的古董进入市场交易都要相应进行货币投放的。比如，中国 6000 多年前红山文化时代的玉器现在还在市场上交易，商周时期的青铜器仍然不断被送往古玩市场，另外还有大量的古旧家具、名人字画、瓷器等，这些都是价值连城的，其总价值如果合计起来，估计要相当于几十个 GDP。当然这里面有很多是存放在国家及各省市的博物馆中，没有进入市场交易，但在美国、欧洲这些东西都要少得多，中国 M2 是中国文明古国的特点所决定的。

不仅这些，其他收藏也会占用货币。比如，四川挖出一根乌木，市场上卖出几百万元的价格，中央银行都要对应投放百万元左右的货币，中国几千年文明积攒了太多的财富，这些都要对应货币投放，这些都是 M2 的构成，其实在中国 M2 是 GDP 的 5 倍、10 倍都不奇怪，毕竟 GDP 只代表一年的财富创造能力，而 M2 则对应的是几千年的财富积累。

除了财富积累不同，其实美国的M2/GDP比重小于中国的原因更多是统计口径的问题：美国的M2/GDP目前大约0.8 ~ 0.9，中国为1.8 ~ 1.9，日本为2.4左右。美国的M2口径比中国小：中国的M2含流动中现金（M0）、本外币活期存款、定期存款，包含了货币及准货币。相当于人民银行公布的本外币存款总额口径，误差只有2%左右。美国的M2只含M0、活期存款、旅行支票存款等，不包括准货币，不含政府单位存款，不含大额定期存款，不含外资银行存款，也不含机构货币基金，因此两者差距非常大，再加上大额存款，要知道居民存款还是定期的比较多。

按中国的统计口径，美国的M2/GDP比重大约1.6，略低于中国。但是，美国的金融衍生产品300多万亿美元，如资产抵押证券化产品，连美联储、财政部也将之作为货币存储、使用，这些产品可以抵押、计价、存储、交易，充当货币功能。中国目前这类衍生产品不到1万亿元，如果加上这些“准货币”产品，美国的实际广义货币占GDP比重，是中国的几十倍。

中国的M2主要由存款增加构成，也是由国民收入增加所致。中国的M2/GDP比重高，也是中国富裕的象征，不应该妖魔化，这也是中国金融市场总体比美国稳定的关键因素之一。中国经济的一个显著特点是储蓄率极高，自2006年开始，连续7年超过50%，其中2009年最高为52.6%，2012年为50.5%。与之形成鲜明对照的是，美国的储蓄率相对而言非常低，即使是在经历了国际金融危机，储蓄率有了显著提高之后，2013年总储蓄率也只有17.8%。中国的经济总量虽小于美国，但国民储蓄总量却已经超过美国。储蓄转化为投资的过程，就是全社会融资的过程，其中间接融资即通过银行体系完成的部分，就需要存款的媒介，而存款的增加在统计上就体现为M2的增加。类似的，在其他储蓄率较高的国家，M2/GDP比例也较高。

美国的M2反映的是在美国经济体中的货币流通量与存世量，即基本在美国的银行金融系统中周转的货币流通量和存世量。而实际的美元流通量和存世量是指在世界范围内周转的美元的数量，该数额远大于美国统计的M2。因为美国的货币——美元大部分都在美国之外流通。有关“中国的货币发行量已超过美国的货币发行总量”的舆论，是为了迷惑不懂国际金融货币秘密的社会大众，为了转移各国紧盯滥发美元和美元债券的视线。

其实M2与GDP进行比较本身也不科学，因为M2是一个存量概念，而GDP是一个流量概念，用一个时点的存量和一个时期的流量数据进行比较得出的比值，并无意义。进一步，如果观察近20年来我国的历史数据，M2/GDP与通胀压力相关性并不大。例如1993年到1995年，我国CPI涨幅连续超过10%，但M2/GDP基本稳定在100%左右。1998年到2002年，我国M2/GDP比值大幅攀升，物价方面却面临通缩形势。所以，根据M2/GDP比值来判断货币超发与否或预测通胀压力，是概念运用不当。

M2总量超过GDP是全球范围内的普遍现象。M2高于GDP，并不表明货币超发，也不必然导致通货膨胀；而M2低于GDP也不表明货币少发，更不表明会产生通缩。根据世界银行的价格数据分析，平均来看，与那些M2/GDP比例低于1的国家相比，M2/GDP比例高于1的国家的CPI反而更低一些。

所以，尽管通货膨胀与货币发行具有一定关系，但M2/GDP根本不是衡量货币是否超发的有效指标，大家过度沉迷于这个指标，是对于流动性问题的错误理解。而一些知名学者对于这个问题的错误阐释和“货币严重超发”的说法，比较容易导致公众对于物价认识的情绪性爆发，进而把其他原因导致的通胀，笼统地归咎于央行的货币操作。

这种似是而非的情绪性发作，很容易误导决策层和整个社会对于货币问题的判断，形成一种全社会的政治压力，从而导致我国货币政策的左右摇摆，进而导致我国金融系统操作的节奏紊乱。历史经验证明，一旦全社会对货币问题的认识出现重大误判，不但会导致货币政策频频误操作，更会严重危害实体经济，中国 2011 年的企业家跳楼潮就是这方面的典型案例。

货币的蝴蝶效应

“蝴蝶效应”一词最初来源于一个故事：一只蝴蝶在纽约中央公园的小黄花上扇动了一下翅膀，于是东京掀起风暴，电闪雷鸣。蝴蝶效应虽然是严谨的科学词汇，但是现实中人们更喜欢将其看成笑谈，因为这中间太多的扑朔迷离，根本无从验证。而在金融领域，由货币派生所导致的蝴蝶效应却是真实存在的，其间也有着直接的逻辑联系，并且可以直接进行验证。

要理解经济学中的货币，大家一定要正确区分两个最基础的词汇：基础货币和广义货币。基础货币是真正的“钱”，广义货币是“可使用的钱”。基础货币计算的是货币的真实价值，广义货币计算的是货币的使用价值。比如你有 1 万元，你现在不用，借给朋友用，而朋友也不马上用，又借给了另外的朋友用，而另外的朋友又以同样的理由借出去，如果这 1 万元被这样借了三次的话，那在广义货币上也就成了 4 万元，也就是四个人都拥有这 1 万的使用权，但前提是他们使用的时间段不同。也就是 1 万元的狭义货币创造了 4 万元的广义货币。这是货币在现实运行中的经济原理，可惜中国大部分财经媒体人或财经评论人并不确切地了解这里面的货币知识。

货币领域的蝴蝶效应主要是发生在基础货币和广义货币之间，少量基础货币的多次循环使用可以派生出大量的广义货币。而基础货币的微量变化，也可以引发广义货币的大幅变化，这就与蝴蝶效应类似，因此笔者称之为货币的蝴蝶效应。

到了现代，任何国家都早已经不允许银行无限次放贷，已经设立了存款准备金制度。比如，存款准备金为 20%，在存款准备金的制约下，银行收到 1 万元的存款时，第一次借贷只能贷出 8000 元，第二次借贷只能贷出 6400 元，第三次借贷只能贷出 5120 元，这样就避免了风险。

货币乘数的蝴蝶效应

在现实中，一个单位的基础货币能反复借贷多少次呢，这就是货币乘数。在美国高峰时是 12 次，中国是 5 次，美国狭义货币可以放大为 12 倍的广义货币，中国的狭义货币可以放大为 5 倍的广义货币。但货币乘数不完全等于借钱次数，因为现在各银行都有存款准备金，因此实际的借钱次数要远大于货币乘数，考虑到存款准备金的影响，美国货币乘数为 12 倍，其实这笔钱在现实中被反复借贷了几十次，中国的货币乘数为 5 倍，说明一笔钱也至少被反复借贷七八次。也就是说在中国，一个人的钱可以解决七八个人的用钱问题，在美国，一个人的钱可以解决几十个人的用钱问题。虽然这些倍数不算大，但也可以算作微量的蝴蝶效应了。

然而广义货币的放大，可不只通过银行一个渠道，还有债务市场、股票市场、金融衍生品市场等，所以除了我们以上所说的M2，它还可以变成M3、M4等。总之变化越多，货币的蝴蝶效应越大，这次华尔街金融危机就是这样的蝴蝶效应导致的。然而在杠杆如此之长的情况下，基础货币的多少其实是不重要的，重要的是货币乘数的大小，货币乘数只要增加一两倍就远比印刷货币更有效。

也就是说现实经济中起重要作用的是广义货币，而不是狭义货币，印刷再多的基础货币也可能对经济毫无作用，关键是要看这些基础货币能否被有效放大为广义货币，被用于现实的经济交易，而基础货币可以放大成多大规模的广义货币则取决于企业家的投资信心。因此在经济危机时，时任中国总理的温家宝一直强调信心比黄金更重要，因为总理明白这背后的货币派生逻辑。

消费习惯的蝴蝶效应

不同的消费习惯也可以引发货币的蝴蝶效应，主要体现为现金消费和信用卡消费的区别，中国人喜欢现金消费，如果假设货币乘数为5倍的话，那么当我们从银行取出1万元作为零用钱的时候，银行的放贷能力就被降低了5万元，同理你存入银行1万元的时候，银行的放贷能力也会增加5万元，而5万元的短期贷款就可以拯救一个资金周转不灵的小微企业，如果没有这5万元，这个小微企业就可能破产，这就是金融货币的蝴蝶效应。一个居民的消费习惯就关系到一个小微企业的存亡，每个居民少在手里存放一些现金，中国企业就可以贷到更多的资金。因为现金是狭义货币，企业贷款是广义货币。

如果用卡消费的话，钱放在卡里，卡上的钱归银行所有，你不用的时候银行就可以用来放贷。货币放在银行卡里和放在口袋里区别很大，因为银行不仅是帮你保管，还用你的钱进行经营。如果一个国家的人民全部喜欢现金消费，另一个国家的人民全部喜欢用卡消费，两种方式对货币流通的影响就是极大的，喜欢用现金消费的国家的央行就要发行非常多的货币才可以保障社会需求，而喜欢用卡消费的国家则不需要发行那么多的货币。

另外还有很多人不敢将钱放银行，或是放家里，或是找个地方藏起来，这都会导致货币的紧缩效应。因为无论是你口袋里的钱还是贪官藏起来的钱，都是基础货币，是真金白银，而这些钱的使用价值是按广义货币来放大的，金钱使用习惯也会对整个金融体系产生巨大的影响。

钱币破损的蝴蝶效应

同时，货币破损也会导致通货紧缩，我们现在用的是纸币，虽然这些造币用纸的质量比较好，但也并不经用，一张纸币从印刷出来到成为破损的劣币，其使用周期一般也就几年的时间，很难超过 10 年，中国在 20 世纪 90 年代发行的 1 元纸币到了 21 世纪初都成了文物，价格翻了几百倍，说明这些纸币绝大部分都破损了，只还有少量存在，新中国成立 60 多年印刷了很多的货币，但绝大部分都不存在了，真正流通的也就是近 10 年走出印刷厂的货币，以前印刷的都损坏了，而发达国家则不同，发达国家居民都生活在城市，居民习惯使用信用卡，平时几乎不接触纸币，因此几乎不存在破损。这就导致货币乘数比较大，就不需要那么多的基础货币。

人民币外流的蝴蝶效应

现在中国大力推行人民币国际化，导致人民币外流出去的多，回流回来的少。而货币缺少回流渠道是非常危险的，因为这会造成通货紧缩，因为流出的都是基础货币。如果按照货币乘数进行放大，那将是非常大的量。

中国外流的货币即使停留在离岸中心，也等于没回流。比如，2011 年下半年起，中国出现了明显的货币通缩，一方面是央行提高存款准备金的原因，另一方面就是人民币缺乏回流渠道所致。目前境外人民币肯定超过 2 万亿元。这至少影响国内银行的放贷规模 8 万亿元以上。这个规模足可以拯救两次金融危机了，其影响足以让中国金融体系伤筋动骨。

近年来，随着中国国力增强和人民币升值预期，外国人越来越喜欢人民币，加上中国这些年人民币走出去的多，回来的少，导致国内企业家无钱可用。所以从 2011 年下半年起，中国出现了很多企业家跳楼、企业破产的现象，当前虽然在投资刺激下，中国经济又开始回稳，但是如果认识不到根本问题出现在货币的外流上，那根本问题解决不了。

广义货币背后的四大统计陷阱

“货币超发”是媒体频繁使用的一个词，但这是典型利用“统计陷阱”制造的一条假新闻，而且这些假新闻早就被专业人士批判过多次了。然而媒体总是利用公众对广义货币概念的不清晰，巧妙地将广义货币当成基础货币，然后利用广义货币数据制造出一个“货币超发”的虚假结论。

而媒体为了使这个错误事实更有说服力，又请一些经济学的大佬级人物帮忙炒作。比如，将不同国家 M2 与 GDP 的比例进行比较等，这一点在上面一节中已经有介绍。

总体来说，针对货币，媒体制造的统计陷阱主要有四个。第一个统计陷阱是，媒体喜欢将广义货币等同于基础货币，而它俩是完全不同的概念。基础货币才是真正发行的货币，是真正印刷出来的货币，而广义货币不是，广义货币的多少主要取决于存贷款的规模。第二个统计陷阱是广义货币的统计方式。广义货币其实只统计银行渠道的融资，而企业融资并非只通过银行。在美国，企业可以发债，可以上市，可以私募，从银行融资已经很少了；在中国，企业才主要靠银行融资，所以美国的广义货币并不高，因而中国和美国不能比较。第三个统计陷阱是中国和美国的经济活跃度。中国是个经济高速发展的国家，经济非常活跃，特别是贷款的存量非常大，而美国经济早已告别高速增长期，货币交易并不活跃，所以通过中美广义货币进行比较，从而推断中国货币超发是错误的。第四个统计陷阱是统计口径的问题。在美国广义货币只统计短期存款，而中国则包含长期存款，统计口径都不一样，更是无从比较了。另外，货币使用习惯等因素也会影响货币统计，当然这些都是次要因素了。

其实，除了以上这些最常见的统计陷阱问题，中国的 M2 数据还存在着严重的重复计算问题，这也严重影响着我们的观感和判断。根据一些企业家反馈的信息，银行在给企业贷款时往往要求企业先贷一笔款，存到银行，再以此存款为抵押进行贷款。也就是说企业家向银行贷款一次，在银行的账上显示的却是两次，这样银行从某种程度上规避了一些风险，但也给企业带来了更大的利息负担。而对统计数据的影响就是平白无故多出了一笔贷款，而这笔贷款又没有用于实体经济，只是导致统计数据虚高。在现实中，这种操作方式我们不知道会占到多大的比例，但可以肯定的是，只要操作一次，这笔贷款所对应的金融数据就会扩大一倍。

不过，因贷款违规操作所导致的广义货币数据虚大，只是小问题，而更大的问题则出在了社会融资数据的统计上，中国的社会融资数据不仅也存在着这样重复计算问题，而且更加严重。先举个例子，某企业获得1亿元低息贷款之后，将这笔资金投资于（可以通过资金运作规避监管）收益率更高的信托产品或者其他金融产品。那么，这1亿元贷款并未直接进入实体经济，对于经济增长的直接贡献为0；用于购买信托产品或者其他金融产品的1亿元也许进入实体经济，也许没有或者未完全进入实体经济以对经济增长产生贡献。在这个案例中，央行统计的社会融资规模为2亿元，但是真正对实体经济产生贡献的是1亿元，甚至可能更少。这就造成社会融资规模的重复计算以及债务利用的低效率。目前，这部分资金的规模难以统计，也难以估算。

抛开案例，我们再从理论上分析。虽然社会融资数据的统计是分渠道的，但现实中一笔钱可能直接从银行到达企业家那里；也可能从银行先到信托公司那里，再到达企业家那里；也可能从银行到信托公司再到高利贷手里，再通过高利贷到达企业家手里；也可能是从银行到信托再到国企，再转贷到民营企业手里。总之，在中国每一笔货币从商业银行转到企业手里，可能中间要经历三四道手，而每经一次手，金融统计数据就倍增一次，而这是成倍增长，而不是正常经济条件下那种百分之几的增长。因此中国货币数据出现如此大幅的虚高也就不难理解了。

现在大家都通过数据做判断，但不幸的是，这些数据都是错的，基本没有参考价值。而要解释清这一切，我们还必须回归到一个最根本的问题上，那就是：金融数据统计的是资金的“使用价值”，而非“实际价值”。这是与所有其他商业统计非常不同的地方，比如，1 万元钱，其价值是 1 万元，但是被不同的人使用了四次，那这一块钱的使用价值就是 4 万，而我们的广义货币和社会融资都是统计这种货币的使用价值。在正常的经济情况下，这一笔钱可能被四个企业家在不同时段使用；而现在货币紧缩的状况下，这笔钱则要经过两三个中间商才能到企业家手里。因此现在的广义货币和社会融资数据不用说增长百分之多少，即使翻了几倍对缓解实体经济的资金饥渴也收效甚微。

确切地说，当下的中国经济处于“病态”。虽然数据上看起来虚胖，但从根本上看是机体的营养不良所致，而绝非营养过剩，这是最根本的性质问题，也是最基础的问题。我们只有看到了这个最基础的问题，也才能理清这些怪象产生的来龙去脉，才能对中国经济有完整的诊断。

被货币紧缩扭曲下的中国经济僵局

中国产能过剩吗

有人说中国产能过剩了。首先我们要分清产能是总体过剩，还是结构性过剩？显然中国不存在总体产能过剩，这应该是没有什么可争论的；中国产能的结构性过剩，也就是钢铁、水泥、电解铝等行业的过剩，其实这种过剩，只是官方或媒体的说法，相关行业并不这么看。中国的业内人士从不认为自己所在的行业产能过剩了，而且他们一直是大干快上，加大产能，两者为什么差异这么大呢？这是因为对经济的理解不同，官方和媒体掉入了统计陷阱而已。

被忽视的产能储备

官方所说的产能过剩，往往是根据统计报表来的，但是统计报表所显示的产能过剩往往并不完全准确，因为企业会有经济周期的概念，会有淡旺季的概念，产能储备往往是为这两者做准备的。比如，经济淡季时，产能利用率维持在 70% ~ 80% 是正常的，这样到了旺季时，企业才可以开足马力投入生产，而企业不仅要应对每年一轮的经济淡旺季，而且还要应对大概每 3 年一轮的经济周期。因此储备产能是必要的，这也就是企业家和财经官员的区别：财经统计官员根据统计报表做决策，只看当期，而企业家要布局长远，他们着眼的是三五年后的市场需求，他们需要提前为这些需求布局。而在水泥、钢铁、电解铝这些行业，产能建设是需要周期的，不是说扩大就可以扩大的，都需要提前进行建设。

清理过剩产能往往成为通胀的来源

政府每隔几年就来一次产能过剩清理，这已经成为中国通胀的根源。因为你现在将产能储备都清理掉了，当时看着很不错，供需平衡，但等过两年经济繁荣时，这种供需矛盾马上就显现出来，供应跟不上需求，经济马上就通胀。

当年中国出现过的“铁本事件”就是个巨大的教训。2004 年 4 月，由国家发展改革委、国土资源部和国家环保总局等九部委组成的专项检查组对铁本钢铁厂进行了严厉的检查和整治。但想不到的是 2005、2006、2007 年就出现了大繁荣，并且出现了通货膨胀，如果当时不关掉铁本，铁本建成之后的产能正好在 2006 年释放，也就成功避免了 2007 年的通货膨胀。也就是 2004 年关掉的那些项目直接导致了 2007 年的通货膨胀。经济分析一定要从长视角分析，而不是拿个标尺进行死板的衡量。当中国出现所谓的产能过剩时，更不要大惊小怪地去关掉钢铁厂，因为这些都是下一轮经济周期中避免通胀所必需的产能储备。

不考虑淡旺季的问题，就不能真正了解什么是产能过剩，不考虑产能储备的问题就会错误地将产能储备也清理掉，从而导致在将来的经济繁荣期因产能而出现短期通胀。

产能过剩的本质是需求不足的问题，而需求不足的根本原因是经济衰退，而经济衰退的原因是货币紧缩。企业家一般按照经济平均速度规划产能，虽然中国企业家一般是以 9% 的经济增速设计产能，但是政府非要通过紧缩把经济增速控制在 7% 左右，于是就多出了 20% 的产能，这是产能过剩的根源。如果中国经济增长重回 9%，那产能不但不过剩，还短缺呢。中国根本就没必要对外输出产能了，因为产能过剩本身就是个十足的伪命题。中国要想解决产能过剩问题，方法非常简单，放松货币，让经济重新恢复到每年 8% ~ 9%，产能过剩问题自然化解。

影子银行不过是货币紧缩下的金融扭曲

“影子银行”的概念由太平洋投资管理公司在 2007 年首次提出，极短时间内便得到了广泛认可。虽然由于金融机构、金融市场发展阶段和金融监管环境不同，各国影子银行的组织形式有所区别，但一般都认为影子银行是指游离于银行监管体系之外、可能引发系统性风险和监管套利等问题的信用中介体系。目前，美国市场上影子银行的产品主要是基于证券化，基于提供流动性和杠杆放大的产品，欧洲市场上主导的产品是基于对冲基金的产品。

影子银行在 2012 年托起了融资的半边天，可以说没有影子银行就没有今天的经济复苏。在银行金融中介功能弱化之时，影子银行承担着为实体经济输送流动性的功能。然而仔细分析就会知道，影子银行大行其道，不过是错误的货币政策导致的金融怪象而已，并没有太多的创新意义。

首先，2010 年起，中国的货币政策进入了量化收缩阶段，政府通过信贷额度来管理宏观环境，迫使银行将这些客户推向非常规银行。企业为防止破产、地方政府为防止工程烂尾，大量利用非贷款融资形式，导致影子银行规模庞大。影子银行一骑绝尘，增速远远超过贷款增速。

中国的影子银行多涉及结构性产品，证券组成复杂，透明度低，缺少监管，而且不少与土地或土地担保有关。还有一种是，银行买入企业债券等中长期债券，再以较短的年期将证券分拆，卖给零售投资者。期限错配、风险错配比较明显，一旦由于什么原因资金流入放缓，银行势必面临流动性的困难。这些产品与美国金融危机爆发前的担保债务凭证（CDO）产品有惊人的相似之处。和美国当时的衍生产品相比，中国的产品基本没有杠杆运作，但是这些产品不仅在金融机构中销售，更有相当一部分被分发到个人投资者手中，这些投资者绝大多数并不了解产品背后的证券及其隐含风险。加上这些结构性金融产品之间，往往也有着千丝万缕的联系，几个产品出事，可能相互牵连一片。

但是影子银行具有顺周期的特点，它们能放大一些问题：当市场有乐观情绪时，它们会放大这种乐观情绪，增加杠杆率，使得信贷增量变得更加不可控制；但当人们失去了信心时，它也会加重这种情绪，促使大家赶紧把钱撤出市场，使得系统崩溃的可能性大大上升。

影子银行根本就缓解不了融资的问题，只能加大融资成本而已。影子银行并非金融创新，也不具备任何的创意意义。中国市场上的影子银行的产品与欧美市场上的影子银行的产品相比，特性、主要构成有非常大的差异。具体而言，美国的影子银行的产品主要基于证券化、提供流动性和杠杆放大；欧洲是以基于对冲基金为主导；中国的情况则是，在金融管制、利率尚未完全市场化以及信贷投放存在严格管制、不同金融市场存在严格分割的背景下，由金融家、银行家所开发出来的产品。

换句话说，影子银行只不过是本轮“史上最严重”货币紧缩情况下的金融扭曲而已，笔者并不批判影子银行，因为影子银行的这种套利不仅没有浪费资金，反而大大提高了金融效率，是市场化的表现，本质是一种信用互助，是信用好的机构帮助信用差的机构获得资金，从而整体上提高了金融效率，如果没有这些信用互助，中国的经济危机会更大。中国资金的中转环节确实多了，但最终都进入了实体经济，我们不能因为货币中转环节过多就判定货币空转，关键看这些环节是否有必要。

就像我们上面所讲，中国超过60%的资金都已经被央行冻结，市场上的资金只能这样变通着高效运行，这就像越是灾荒的年份，粮食投机越盛行，但本质原因在灾荒，而不是投机，而货币与粮食不同的是，货币永远在流通，而没有储藏这回事，货币只要不脱离商业银行，就是流通的，没有任何人具备囤积货币的能力，即使那些长期贷款项目，也通过贷款转存款重新回到了货币流通体系当中，不会发生任何的资金浪费。也有人归结为银行理财产品风险错配的问题，但这种问题只能影响一个银行，对银行系统的影响等于零。就像贫富差距一样，贫富差距影响不了整个国家的总财富数量。

本轮经济周期的逻辑就是首先央行的货币紧缩导致不同机构之间的信用套利，其次不同金融机构的信用套利又导致了货币数据虚高，再次货币数据虚高又成了很多人认为货币不短缺的理由，这里面有两大误解，一是大部分人对货币运行机制不了解，二是由于对货币运行机制不了解又导致了对货币数据的误读，而对货币数据的误读，又导致了决策错误。

这是一个链条的问题，但最根本的问题却出现在第一环上，那就是央行货币政策太紧，真实的资金却被央行以存款准备金的名义挪到了央行的保险柜里，锁了起来，不让用。中国巨大的货币存量并没有存于商业银行，更不在影子银行，影子银行不过是商业银行的分销商而已，央行将货币由活资金变成了死资金，这就是中国的现状。

中国经济并不缺乏增长动力

现在大家对中国经济前景比较悲观，主流认识是我们已经告别了高速增长期，进入了中低速增长期，但是笔者并不完全认同这种看法，如果将中国经济比作一个正在成长的孩子的话，那中国好比是 12 岁的孩子，而不是 17 ~ 18 岁的孩子，我们即将步入最快的增长期才对。

如此紧缩，经济增速竟然超过 7%，说明中国经济潜力很大

中国当前经济减速主要是货币紧缩的结果。中国经济现在的僵局，主要原因并不在于“四万亿”后遗症，而在于“大紧缩”，大型银行高达 20% 的存款准备金率，是多么大的紧缩力度，目前中国被冻结的货币占到了基础货币的 70% 左右。也就是说，当下我国大部分货币被锁在央行，根本没有处于流通状态，这才是所谓“钱荒”的根源。

而在其他发达国家，存款准备金是很低的，甚至没有存款准备金。中国将存款准备金提高到了历史最高位。中国经济在货币如此紧缩，而且没有什么明显刺激的情况下，都能维持 7% 的增长，说明中国经济潜力极大，这就像一匹良马在勒紧缰绳的时候都能日行八百里，如果放开缰绳，怎么不可能日行千里呢？当前大紧缩的货币环境正好检验了中国经济强大的增长潜力，也足以说明中国经济发展的动力还是非常大的。

中国投资需求比以往更大，而且处于边际效益递增阶段

中国投资还远没有达到顶峰，中国还有很多地方需要投资，中国城市化后对投资的需求不是降低了，而是增大了。如果中国人真正留在城市，那对城市住房和基础设施的需求是井喷式的，现在很多人只关注西部的投资，但中国最需要投资的则是东部发达地区，因为中东部地区集中了中国绝大部分人口，他们的需求才是应该关注的。

比如，连接珠三角几大城市的高速公路经常堵车，北京的市内交通就处于严重不足的状态，环城路需要扩宽，公共租赁住房需要大量兴建，这都是迫在眉睫的投资需求，而这些需求都需要投资来满足，中国人在城市落户带来的投资需求短期内是难以满足的，况且中国在地铁、高速公路、铁路、高速铁路方面的密度都不及发达国家水平。

另外基础设施行业属于边际递增的行业，因为道路的只有形成路网，其效益才会发挥出来。比如，中国仅仅有一两条高速公路，或是仅仅有一两条高铁，其效益并不会很大，但如果整个高速公路网和高速铁路网建立起来的话，那其效益就会发挥得非常大，在经济学中具有这种特点的行业都属于边际效益递增的行业。

中国的基础设施建设，绝大部分都是地铁、高速公路、高速铁路等道路基础设施，这些路网建设的越完善，其边际效益越大，中国基础设施的这种边际效益递增是中国经济高速发展的基础，这也导致中国经济将比之前增长得更快。

中国企业也处于规模扩张的最好时期

另外，中国企业的规模现在也处于边际效益递增的阶段，是发展最顺的阶段。这其中，小企业很难发展，最大的企业也很难再有突破，最容易发展的就是中大型的企业，它们具有管理经验优势，具有信用优势。中国很多行业都已经有了成规模的企业，这些企业进行产能扩张是非常容易的。另外，随着中国经济成为世界第一，中国也将出现一大批世界第一的企业，这些企业可以利用自己的规模优势迅速占领世界市场，而它们走出国门，占领世界市场的时候，也必然带动中国经济更快地增长，这几年中国企业的海外并购规模一直以两三倍于GDP的速度增长，就足以说明了这一点，我们可以预见，在不远的将来，世界上绝大部分行业的最大企业都将是中国企业，这是我们“天赋大国”的优势。

中国还远没到中低速增长的阶段

一到经济危机，人们就普遍悲观，“新常态”一词就是这种悲观论调的代表。它是由美国太平洋基金管理公司总裁埃里安提出的概念，“新常态”被西方媒体形容为危机之后经济恢复的缓慢而痛苦的过程。美国前财政部长劳伦斯·萨默斯的文章指出，经济停滞可能成为新常态，并认为美国将进入高失业、经济停滞的状态。但是事与愿违，美国失业已经恢复到了接近正常的水平，实体经济也比以前更强劲了。在欧洲，英国经济也开始出现繁荣，可以说人们假想的“新常态”并没有预期的那么长，同样的低速增长在中国也不会维持很长时间，中国只要将货币政策调节到正常水平，中国照样还会出现超过10%的经济增速，这是完全没有问题的。

日本人均GDP在1972年接近3000美元，到1984年突破10 000美元。韩国1987年超过3000美元，1995年达到11 469美元。从中等收入国家跨入高收入国家，日本大概用了12年，韩国则用了8年，这都代表着两个国家在这个阶段有着极高的发展速度。而考虑到现代GDP的含金量变化，中国在人均GDP达到20 000美元之前，都应该处于高速增长期。

如果GDP是按照7%的增速发展，中国从2010年进入中等收入国家行列，到人均GDP突破10 000美元，需经过11年。根据世界经济的发展规律，如果一个经济体要从高速增长进入中高速增长，至少要10 000美元以上，而中国还没有到这样的阶段。中国就是 11 ~ 12 岁的孩子，即将进入的将是另外一个高速增长期，是一个比以前更高、更快、更健康的增长期，是真正的黄金增长期，这才应该是中国经济的新常态，中国完全没必要用过紧的货币政策维持现在的低增长状态。

中国应该做好各方面准备，迎接一个新黄金增长期的来临。当然这还需要解决其他一些问题，这也就是下一节要讲的内容。

政府顾虑与解决建议

时间不等人，问题要解决

作为研究宏观经济的学者，笔者以前对产业政策关注并不多，但最近发现中国宏观经济的困局完全来自微观经济的制约，而微观层面的制约如果不解除，中国宏观经济的发展也会受到影响。

当前中国政府的两大顾虑

近几年中国经济的增速一直维持在 8% 以下。从宏观上看，这是货币紧缩的结果，因此专业学者们大多呼吁中国适度放松货币政策，当然笔者这几年也一直是这样思考并呼吁的。但近期发现，问题并非出在这里，当前中国政府没有放开货币主要是出于两方面的顾虑：一是空气污染问题，二是高房价问题。而这两样问题也是这几年民怨的来源，如果这两大问题不能先行解决，货币政策的放松就必然产生更大的问题。

解决空气污染问题的建议

环境民怨是近几年在中国才开始出现的一个新情况，特别是空气雾霾问题已经到了不得不解决的地步，因此应该成为我们最先解决的问题，而且是必须拿出真措施来解决的问题。不然，即使我们保持 7% 左右的经济增长速度，那也会导致空气进一步恶化。因而笔者提出一个建议就是：10 万元以上的家庭乘用车可以从生产环节进行引导，全部转向混合动力车和新能源汽车。

这样做有两大好处，首先可以大大提速我们新能源汽车的发展，只有产业化走在前面，技术创新才会成为可能。为何欧洲国家能够在太阳能技术上遥遥领先？因为其在产业化上走在了世界的前面。如果中国能像欧洲支持太阳能行业一样支持新能源汽车行业，中国不仅能为经济增长扫清障碍，而且还可以占据未来行业的制高点，随着传统能源的消耗殆尽，新能源汽车是早晚的事情，早做决定比晚做决定更好。再说了，空气污染是全民性的，其他的污染只是局部的，如果空气污染不解决，即使我们保持 7% 的增速，污染仍然是不可承受之重。

使汽车全部更新换代为新能源汽车是不现实的，毕竟还有不少家庭消费不起。因此让有实力的购车者率先为改善环境做出贡献。10 万元以上的家庭乘用车全部转为新能源车，考虑到现有汽车的存量，即使现在实行，也得需要大概 5 年的时间，才能实现将一半汽车转为新能源车的目标。因此这个措施具有紧迫性。

除了一刀切的强制，另外也可以以经济杠杆作为缓冲，可以对 10 万元以上的非新能源汽车征收 50% 的环境税。污染是经济学上所讲的一种外部性，相对于公交族、地铁族，开车族对环境的危害显然更大，因此征收环境税也是站得住脚的。

解决高房价问题的建议

中国一直没有放松货币其实很大程度上也是担心宽松的货币会进一步推高房价。针对这一问题，笔者建议让以前从事房地产经营的国企就地转为半公益经营。国有房地产企业，进入房地产市场，以“微利”的形式经营，就可以稳定和降低房价，因为房地产行业一直是暴利行业，而房价飞涨也跟房地产商的推动有直接关系。如果“国企微利房”成为市场的一个新品种，那么购房者自然会倾向于选择国企微利房，当国企微利房在市场上占到一定份额后，比如超过 1/3，那么其他的房地产开发商也就不敢肆意涨价，这样房地产市场就足可以稳定下来。

中国提出“公益型国企”的概念很久了，但一直没有落实。中国就可以以此为突破口，做个公益型国企的样板，让老百姓感觉到国企的实惠；“国企微利房”成为房地产市场的一个新品种，与现有的政策也不冲突，因为这些国企没有丝毫特殊性，也是市场化经营，只不过其定价和利润受到一定的限制，而且不像以前的经济适用房那样属于福利房，因此也没有寻租空间，不会产生新的腐败。

中国经济已经连续 4 年低迷，时间不能浪费下去，只有解决好了以上两个问题，中国才能将货币政策调整到正常状态，中国经济才能恢复高增长。

通胀、增长、货币与生存方式转变

通货膨胀是种价格现象

底层百姓最关心通胀，也最担心通胀，一提到通胀，人们就想到货币因素，就认为是货币超发了，并且广泛引用弗里德曼的名言——“通货膨胀归根结底是个货币现象”，其实这种引用也不完全正确，而且大家也都没有正确理解这句话。

弗里德曼的名言，“通货膨胀归根结底是个货币现象”，是句耐人寻味的话，大家注意，弗里德曼的措辞，弗里德曼说的是货币现象，而不是“货币超发”现象；弗里德曼从来没有认为通货膨胀就是因为货币超发，如果你那样认为了，那是你的错。

弗里德曼最赖以成名的研究就是对大萧条的研究，而他研究的结论就是：因为政府错误的货币紧缩导致市场上资金太少，所以出现了大萧条。本次经济危机后，美国搞量化宽松也是吸取了大萧条的教训。

弗里德曼的名言“通货膨胀归根结底是个货币现象”里面包含三层意思：首先，通货膨胀可能是货币增发引起的；其次，通货膨胀也可能是货币少发引起的；最后，通货膨胀从现象上看是货币现象，但本质上却与货币无关，其实通货膨胀是由货币以外的因素引起的。

对货币超发引起通货膨胀，大家都容易理解。那货币少发为什么也会引起通货膨胀呢？因为货币少发会引起企业开工不足，毕竟企业都是靠银行资金进行运作的，企业开工不足，就会引起供给短缺，而短缺必然造成价格上涨。比如，中国在计划经济向市场经济转轨时期的通货膨胀大多就是这种情况。中国四万亿投资时的通胀也是由于供给不足造成的。

而第三层意思也比较容易理解，现在引起通货膨胀的因素太多了，比如，输入性通胀，国际上铁矿石、原油等大宗商品的涨价，必然会导致中国的通货膨胀，而农产品自然灾害也会导致食品价格上涨，这些都与货币没有任何关系。

我们可以拿20世纪的经济滞胀来看，阴谋论者认为这是因为政府超发货币，但是我们可以想，美国历史上那么多的总统，为什么谁都不超发货币，唯有滞胀时期的总统那么坏去超发货币？这是不可能的事情。

其实我们稍微看一看当时的石油价格，就能明白这里面的道理了。世界石油在1973年的价格是14美元一桶，到了1974年就突然蹿升到了44美元一桶，一下子翻了3倍多；然后更是一路狂飙到了1980年的82美元一桶，也就是翻了6倍。82美元一桶的价格现在来看并不高，但是我们可以对比1980年之后的石油价格，1980年之后，国际石油价格开始下降，最终稳定在了30美元上下，这个价格一直维持到2003年；而在这中间的1998年，世界石油价格还曾经跌倒过15美元一桶。

而石油之重要，其实是很多人不理解的，我们只要简单地说说，大家就会明白。首先，农产品的价格完全由石油决定，因为农产品的价格是由化肥和农药的价格决定的，而化肥和农药的原料都是石油；而纺织服装的价格也是由石油决定的，因为现代服装的主要原料不是棉花，而是化纤，这是石油加工成的产品；而交通运输更是需要油，总结起来紧密关系民众生活的“衣食住行”四大样中，除了住房对石油的依赖不大之外，其他三大样的价格都是直接由石油的价格决定，所以石油的价格才那么重要。这也是世界各国都将石油作为战略资源的原因所在。而在石油价格翻了6倍的情况下，每年出现10%以上的通胀也就不难理解了。而如果大家都明白了这一来龙去脉，谁还会相信滞胀是由于政府超发货币所致的阴谋论呢！

既然通胀是由非货币因素导致的，但是为什么弗里德曼还说通胀是货币现象呢？这是因为通货膨胀必然通过价格显示出来，而价格又是个货币现象，两个逻辑合并起来，那就是通货膨胀其实是个货币现象。

经济增长是导致通胀的首要因素

如果通胀不是货币因素导致的，那到底是怎么引起的呢？其实只要熟悉经济史的人就会发现，**历史上的通胀大多是由经济增长引发的，也就是经济增长是导致通胀的第一要素**。通过对中国通货膨胀与经济增长相关历史数据的实证研究，基本上可以得到这样一个结论，那就是**平均两个点的经济增长，带动一个点的通货膨胀**，比如，经济增长 8%，通货膨胀就会达到 4%，经济增长 10%，通货膨胀就会达到 5%。那是不是说，真实的经济增长只有 4%，或 5% 了呢？当然不是，我们所说的经济增长是扣除通货膨胀后的经济增长，而不是数字上的经济增长。如果仅从数字上看，每年的经济增长其实是统计局公布的经济增长与通货膨胀两个数字之和，也就是中国每年的经济增长都要在 12% 以上。这也就是中国经济每 5 ~ 6 年就可以翻一番的道理所在。

我们有必要重申一个观念，那就是“通货膨胀是一种经济增长现象，通货紧缩是一种经济衰退现象”。因而必须从经济发展的角度看待通货现象，而不是过度使用货币工具。

另外，我们在指出通胀是经济增长现象的意思是，**通胀是经济增长的副产品，因而不可避免**。另外，公众对通胀这个词的理解也不对。其实关于通胀有三种定义。第一种是最狭义的定义，只与货币有关，只将由货币超发引起的物价上涨称为通胀，但是由于货币的多少没有标准，所以很难操作，这个定义也无法衡量，所以一般不用。还有第二种，是学术界采用的定义，那就是物价增长迅速，而且维持一段时间才是通胀，因为正常的物价增长是经济增长的必然现象，不算通胀，只要经济在增长，CPI 就是正值，不可能变成零，更不可能变成负数。当物价维持高增长一段时间后，就说明通胀来了。比如，在中国，CPI 达到 5% 以上，并且连续 2 个月以上，就认为是通胀了。

第三种定义是老百姓的看法，也是错误的看法，就是将所有的物价上涨都看成通胀，大家平时讲通胀，依据的指标就是 CPI。大家一看 CPI 高了，就高呼通货膨胀来了。但 CPI 为正值，不一定就是有通胀，而且还可能是通缩，在中国 CPI 只要进入三区间，一般就认为是通缩了。比如，物价增长 3%，按老百姓的看法是仍在增长，但却是在通缩，因为中国经济增长的更快。

通货膨胀从最狭义上说是一种货币现象，但物价上涨则不是货币现象，而是供求现象，由供求引发的物价上涨，称之为“价格膨胀”，这背后就是由货币少发所致。

经济增长的基础是劳动生产率的提高，而劳动生产率的提高靠的是劳动价值的提高，如果换成另一种表达方式就是劳动力价格越来越贵，其逻辑链条如下：

经济增长→工资升高→用工成本升高→产品成本升高→物价升高

在这里面工资增长会一直大于物价增长的，不然社会就倒退了。工资的毛增长率为 GDP 毛增长率，它是 GDP 增长率和物价增长率之和，在中国一般为12%以上。中国人工资基本上是5年翻一番，改革开放以后，中国的工资已经翻了100翻了。2007年北京白领的工资大概就2000多，而现在基本上都能达到4000 ~ 5000元，也已经翻番了。

通货膨胀是一种价格上升现象，任何国家只要存在经济增长就必然存在商品价格的上涨，通货膨胀就是这么来的。所以说，一个国家只要经济不停滞，必然有通货膨胀，事实上也是这样。经济一停滞或是衰退，马上就会出现通货紧缩，而正常的年份都是通胀的。只有经济高速发展的国家才会通胀，那些经济停滞或是经济衰退的国家，他们丝毫不面临经济通胀的问题，他们面临的是通货紧缩的问题，比如，经济危机时日本、美国就是这样，他们的物价从来不涨，但经济状况其实非常的差。这就是经济停滞导致通缩。

中国通胀并不严重

中国的猪肉，经过了那么多轮的通胀，现在终于到了十几元一斤的水平。来自南方的蔬菜，经过长途运输到了北方，价格大概3元一斤，本地菜还是1元多一斤的为主。中国的主粮小麦和玉米，10年前就是1元一斤的价格，现在差不多是1元多的水平，这还是国家保护价收购，否则可能都不会涨价。

中国10年来没有涨价的商品很多，我们以家庭生活用品为例子。比如，一个普通雨伞10年前是10元一把，现在还是10元一把，方便面10年前是1元多一包，现在还是1元多一包。另外中国的汽车、家电、电子产品等大件商品一直都在降价。很多专业人士都统计过，中国的通胀几乎就是食品周期，其实是猪肉价格的周期波动，在专业领域也被称为“猪周期”，其他根本没什么波动。

当然中国也不是什么都不涨，比如房子是中国最大的消费，涨得非常多，劳动力价格也涨得非常多，比如理发等。而房子也与货币和通胀没关系，是市场化的结果，由计划经济向市场经济转型，必然导致涨价，房价上升是市场化没完成的结果，住房是最后一个市场化的行业，正处于转轨的过程中。

媒体最热衷于炒作通货膨胀、货币超发等，在门户网站的财经频道，这些文章总是点击率最高的，网媒的编辑们也总是将这些文章推为头条。但可惜的是，这些都不是事实。

经济只要增长，想不通胀是不可能的，关键是控制通胀的幅度。而这只能从控制经济发展速度入手，也就是通胀是经济发展太快的结果，要想避免通胀，只能让经济发展慢点。

根据中国的通常状况，经济发展速度如果超越 10%，那就通胀非常明显了；而在中国只要经济增速不达到 10%，通胀就不明显。而且通常人们高喊通胀的年份都是中国经济增速超过了 10% 的年份，这些从历史数据上完全可以印证。

因为当经济增长速度达到 10% 的时候，那通胀就会达到 5%。如果通胀超过 5%，那人们就会有非常明显的感受，因为通胀率 5% 只是个平均数据。当物价平均上涨 5% 的时候，那就意味着很多商品的价格上涨就超过了 10%，或是更多，因为通胀从来都是从少数商品开始的，特别是生活必需品。所以，通胀超过 5% 就会感受非常明显。

总之，通货膨胀是一种经济增长现象，通货紧缩是一种经济衰退现象。要想不出现通货膨胀和通货紧缩，最好的方法就是控制经济发展的速度，而不是过度依赖货币政策，因为货币政策往往对实体经济具有太大的杀伤力，这也是最近一轮经济危机中出现企业家跑路潮、跳楼潮的原因。

通胀与生存方式转变有关

对现代社会，在现代社会宏观经济学和微观经济学都部分失灵的情况下，只能从生存经济学的角度来解释这个世界，比如，物价的上涨、生活方式的变迁、社会的改革等。我们可以看看物价上涨的问题，物价上涨并非就是通胀，很多是生活方式变迁的结果。

问题一：2007 年我理发 5 元，现在 15 元；以前麻辣烫 3 元，现在 8 元；以前猪肉 6 元，现在 13 元；以前牛肉 8 元，现在 24 元；这是怎么回事？

回答：为何理发和麻辣烫价格翻 3 倍

理发和麻辣烫翻了将近 3 倍，是理发用的剪刀价格、麻辣烫用的蔬菜翻了 3 倍吗？显然都没有，这两个都是由于人工工资导致的，是纯人工上涨导致的价格上涨，而人工工资上涨是经济发展的必然结果。在经济学上，这属于典型的劳动密集型行业，这种行业对工资上涨特别敏感，这些行业的价格上涨与 GDP 的毛增长率相同，中国经济的毛增长率为 12% 左右，每 5 年翻一番，所以，这些价格也会每 5 年翻一番，在以后理发和吃麻辣烫都是奢侈，当然其他东西可能会更便宜，比如手机、电脑。

同样，有人提出，过去 5 元的快餐现在要 20 元才买得到，也是

人工费提高的原因。现在雇个厨师每月 4000 ~ 5000 元，而快餐 5 元的时候，雇个厨师才 1000 多元每月，也是典型的劳动密集型行业。

为何猪肉价格增长超过粮食

为什么猪肉上涨会超过粮食的价格上涨呢？因为猪并不直接吃粮食，而是吃由粮食加工成的猪饲料，这里面包含着很大的加工成本，而加工成本主要是人力成本，所以猪饲料的涨价主要也是由人力成本升高造成的。

另外，猪肉价格也跟摊位费有关，城市地价那么贵，直接推高了摊位费，这也是猪肉价格很大的一部分，这也不能完全算是通胀，是城市化的结果，是人类生存方式变迁的结果，也属于生存经济学研究范围。

为何牛肉的增长要超过猪肉

人们生活水平提高了，对牛羊肉的需求增长了，所以牛羊肉的价格增长得非常快，这是由生活方式改变导致的供需变化所带动的价格上涨。另外，牛羊的养殖方式也发生了巨大的变化。在早先，牛羊都是农户散养，不额外占用专门的劳动力，也不用外购饲料，基本没什么成本，所以价格很低。而现在都是养殖场养殖，劳动力需要雇用，饲料需要购买，成本当然非常高了，所以价格翻番地涨，所以牛羊肉比猪肉涨得快。猪的养殖已经度过了从散养到养殖场的阶段，而牛羊正处于这个过渡阶段，这些都不是宏观经济学的通胀理论能解释的。

大家感受比较明显的都是劳动密集型行业，按照中国的经济发展速度，劳动密集型行业的价格每 5 年就会翻一番。

“通胀感”不同于通胀

社会普遍弥漫着的强烈“通胀感”，事实上与货币和物价关系都不大，而是因为“生活方式在变贵”。不是物价越来越高，而是消费水平越来越高，当消费水平变高时同样会出现钱不够花的现象，这更多反映的是人们消费欲望与消费能力的差距。

通胀感跟真正的通胀是两码事。所以，通胀的时候不一定有“通胀感”，但有“通胀感”的时候不一定存在通胀。通胀是物价上涨，但通胀感并非完全来自物价上涨。这种“生活方式变贵”带来的“通胀感”，即使在物价全面下降的情况下，也可能滋生。

曾有生活在杭州的记者朋友采访笔者，他觉得中国通胀得非常厉害。

我就问他：“你感觉什么物价增长最快？先排除房子，房子的问题单独谈。”他想了一会儿，也说不出什么物价在涨，但他诉说了他的生活痛苦感：每月最大的支出是汽车的油费，每月加油就得 1000 多元，感觉不堪重负；杭州地铁每次 8 元，公交每次 3 元，非常贵。

这位朋友的通胀感就是来自“生活方式在变贵”。公交每次 3 元，确实不便宜，即使如此，如果使用公交出行，每月 500 元基本够用。地铁 8 元每次，也不便宜，即使如此，如果乘地铁，每月 1000 元也基本够用。若开车，每月就起码得 1500 元。

从公交到地铁，再到私家车，这就是“生活方式在变贵”的典型案例。生活方式每变一次，支出成本几乎就翻了一倍，所以痛苦感很强。

但这确实与通胀无关，因为公交价格变化不大，地铁价格变化也不大，私家车汽油的价格变化也并不太大。因而，我认为这位朋友的通胀感更多来自于三种出行方面的升级上。

还可以举个肉食的例子，猪肉是国人的传统肉食，后来吃得最多的是鸡肉，现在国人更喜欢吃牛羊肉了，但牛羊肉的价格从来就是贵于猪肉和鸡肉的。

从吃猪肉向吃鸡肉和牛羊肉转变，是“生活方式在变贵”的又一个案例。现在很多人抱怨牛羊肉贵，却很少注意到自己的口味在变。

当然牛羊肉的价格确实也在涨，但这也并非通胀，而是养殖方式的变化和养殖成本的升高。原来靠农户散养，靠青草和农作物秸秆喂养牛羊的方式早已供应不上国人大得难以想象的需求了。

说到通胀，很多人喜欢比较改革开放 30 多年来的物价变迁，其实这是错误的。要知道，计划经济时代，很多物价是不真实的。如果真要比，应该与 1997 年前后——我国市场经济体系基本建成的时候比，如此一比，物价变化就并不算太大。

而从 2007 年全球经济危机爆发以来到现在的 5 年多，客观地说，经济一直在通缩，可老百姓的通胀感又确实很强，其实这是生活方式在变贵，也就是虽然具体商品在降价，但生活方式却在变贵，所以总体的通胀感很强。

还是拿私家车为例子，5 年前，中国私家车年销量几百万辆，而现在每年销售 2000 多万辆，而且还在快速增加。

在没有私家车的年代，大家不会抱怨开车成本高；在吃不起牛羊肉的时代，大家也不会抱怨牛羊肉的涨价，这反映的是消费欲望与消费能力的差距，所以跟物价无关。而生活方式变贵只与经济发展速度相关。

国人生活方式变贵的关键正是中国发展太快了。私家车快速增加肯定是经济发展的结果，而导致生活方式变贵的唯一因素就是经济发展速度。看看美国和日本，这些经济衰退的国家恨不得经济能通胀，但无论怎么印钞，股市都翻番了，经济还是不见通胀，因为是经济没有发展。

在传统观念中，人们可能会认为高薪的人比低薪的人生活更如意，这在很大程度上是正确的。因为在传统社会中不同人群的生活方式差异不大，几乎就是吃和穿，玩得很少，也不开车，更不出国旅游，没太多复杂的社会交际。

而现在完全不同了，不同人群的生活方式差异越来越大。几十元可以生活一天，几百元、几千元也可以生活一天，这就导致了高薪族的生活痛苦感也不低，因为他的薪资也满足不了他的欲望，低薪族挤公交，身体累点，但省钱；高薪资开私家车，身体舒服了，但总心疼油费。

在网络上，常有人晒生活成本，仔细观察就会发现，这些人都在月薪一两万元。而事实上，在13亿人的中国，月薪过万者不过几百万人而已，如果这些人都感觉生活困难，那些挣几千元的怎么办?

难怪很多网友都骂他们矫情，这些人当然确有矫情的一面，但却不能否认他们的痛苦感是真实的。这是传统的经济学理论解释不了的现象，只能从生存经济学的角度分析：这些高薪的人享受着更贵的生活方式，因此痛苦感也不低。

如此说来，若按客观、传统的经济学来分析，当下中国确实不处于通胀年代，不存在普遍的产品变贵问题，而按生存经济学来分析，当下中国又确实处于生存方式不断变贵的时代，而经济发展越快，这种由生活方式变贵导致的通胀感就越强。

解决办法绝不是放弃发展，而是要想方设法降低民众的生存成本，具体来说，就是笔者反复提及的建设“低生存成本社会”。

货币调控主义的误区

为何有时越紧缩反而越通胀

通货是流通的货币，通货膨胀就是流通的货币多了，这本身并没有什么不对，但是我们一定要分清学术上的通货膨胀和现实中大家所讲的通货膨胀所代表的不同含义。大家平时所讲的通货膨胀是价格上涨的意思，其判定指标主要是CPI，大家只要看到CPI高了，就认为通货膨胀来了。但是以CPI为标志的物价上涨与以货币超发为代表的通货膨胀是两个完全不同的概念。

通货膨胀本身是一种货币现象，但物价上涨则并不是货币现象，而是供求现象。很多人将中国的通货膨胀归因于货币超发，我不赞同这样的观点。我认为，中国在本轮经济危机中面临的不是通货膨胀，而是由需求大于供给而造成的“价格膨胀”，这背后很大的原因是货币少发。

中国宏观经济中的“投资”，从微观经济学的角度看属于需求。比如，中国提出四万亿投资计划也就是创造了四万亿的需求，中国“扩大内需”的提法也就是这样来的，而实际需求要远远大于这个数字，估计早已突破10万亿元，而这些都是在正常需求之外“扩大”出来的新增需求。

看完需求，我们再分析供给，中国供给的扩大主要靠产能的扩张，而这又主要靠银行的贷款，因此广义货币（M2）指标则可以作为最主要的参考指标，M2的增长速度基本上相当于中国企业产能扩张的速度。因此，我们可以通过对这两个数据的比较来分别从供给与需求的角度分析中国价格上涨的根源。

◆ 2009 年，全社会固定资产投资比 2008 年增长 30．1%，而当年年末广义货币供应量余额比 2008 年末增长 27.7%；

◆ 2010 年，全社会固定资产投资同比增长 23.8%，而当年年末广义货币余额比上年末增长 19.7%；

◆ 2011 年上半年，固定资产投资（不含农户）同比增长 25.6%，2011 年 6 月末，广义货币余额同比增长 15.9%。

通过对以上两组数据的分析，我们看到，自 2009 年以来，中国广义货币供应量一直小于中国的固定资产投资量，这可以间接说明中国很多基础生产资料一直处于供不应求的局面，这很可能就是中国通货膨胀的原因。

我们习惯上将广义货币供应量与 GDP 进行比较，因此得出了货币超发的结论。而我换一种思路，将之与投资进行比较，则得出了相反的结论，那就是货币少发。这种货币少发导致了中国生产资料供应不足，从而带动了价格上涨。主流观点是中国面临通货膨胀，而笔者的观点中国没有通货膨胀，只有价格膨胀。从理论上，中国投资增长率与货币投放增长率的缺口就是中国的通货膨胀率。

宏观经济学和微观经济学是两套完全不同的分析方法。研究宏观经济的时候，不仅要看宏观数据，更要研究结构问题，研究微观经济的变动。从微观层面来讲，中国在生产领域确实存在供不应求的状况。中国当前的价格上涨主要就是由这种供给不足造成的。

现实中，货币紧缩造成供给紧张的例子也比比皆是。比如，每个破产的企业都代表着产能的下降。即使企业勉强不破产，也可能因货币紧缩造成供给紧张。比如在钢铁行业，由于银行贷不到钱，使用承兑汇票结算的企业越来越多，不仅贸易商开始向钢铁产业支付承兑汇票，就连一些钢铁企业也开始向上游的煤炭和矿石企业使用这种支付工具。而钢厂在制定钢材出厂价格的时候，就将承兑汇票的贴现利息计算到出厂价当中。目前，在全国的钢材销售额中，有30%左右是通过承兑汇票结算的，而这导致每吨钢成本上升20元左右。行业内大部分投资项目都已经停了下来。如果这种情况持续下去，整个市场的供给不足将会导致经济的停滞，到时候滞胀就真的出现了。

靠提高供给来治理通货膨胀并没非没有先例。我国价格改革初期的通货膨胀是由于供给不足引起的，后来又通过加大对企业的贷款力度来提高供给而解决。20世纪的美国，里根治理滞胀的时候，最开始也是采用货币学派的紧缩政策，结果造成了经济的严重衰退，后来改用供给学派的措施，才力挽狂澜于既倒。这些都是从供给的角度来治理所谓“通货膨胀”的成功案例，足以给中国制定货币政策以借鉴。当代中国经济学界的货币学派一枝独秀，而供给学派却遭冷落，这是不应该的。

紧缩货币是抑制泡沫的良策吗

遇到经济泡沫时，紧缩货币往往被看作首选政策。但笔者认为中央银行使用货币政策来对付资产泡沫问题并非是最优选择，因为货币政策的变动与资产泡沫的关系并不直接，而是要微弱得多，央行通过采用紧缩性的货币政策并不能有效阻止资产泡沫的继续发展和壮大。

货币政策与资产泡沫的关系

资产泡沫的出现在很大程度上可以归因于货币宽松，宽松的货币条件确实为资产泡沫的兴起提供了良好的金融环境，因为它极大地降低了资金使用成本。但是在资产泡沫已经兴起的环境下，紧缩性的货币政策并不能有效抑制资产泡沫的继续膨胀，因为资产泡沫一旦形成，其继续膨胀的动力已经不是来自宽松的货币条件了，而是来源于大众的某种非理性情绪了——大众对短期内暴富的狂热。

在这样一种强烈情绪的支配下，中央银行如何通过回收流动性和提高利息率来有效控制资产泡沫呢？如果投资者确实相信资产短期内还可以继续上涨，那么即使央行提高年利率几个百分点又有什么用处呢？一笔同样数额的金钱放在银行里，投资者一年也不过多了几个百分点的利息收入，而投在资产品上，可能一两个月就有 30% ~ 50%，乃至 100% 的利润，哪个投资者会受得了持续膨胀的资产市场带来的强烈诱惑！同样，央行通过公开市场来回收流动性，也是很难在短期内阻止资产泡沫的继续膨胀，原理同上。央行通过回收流动性，市场上的资金数量减少了，可是面对着资本市场的持续繁荣现象，面对着资产品价格节节攀升的局面，面对着不时耳闻某人通过投资资产品而一夜暴富的故事，又有几个人能够耐得住寂寞呢？又有几个人能够完全避免一夜暴富故事的吸引呢？即使央行已经持续回收流动性了，市场资金已经不太宽裕，但那些期望在资产品市场上乘机大捞一把的人，完全可以拿出自己多年积累的储蓄来投资资产品，也可以动用公司的流动资金来投资资产品，甚至可以抵押自己的住房、汽车、土地等资产来融资而继续投资资产品。因此，央行回收流动性的结果反而可能造成社会其他领域资金严重不足，但是资产品市场上的资金依然是非常充裕的局面，资产泡沫继续膨胀，资产品价格依然节节攀升。

2007 年的经济困局　郎咸平并没有说全

2006~2007 年，中国出现了巨大的股市和楼市泡沫，央行一次次调高利率，反而导致股市、楼市一再新高。郎咸平深入研究国内经济的发展困境，提出中国经济是同时存在过冷和过热的二元经济，政府投资部门过热，民营经济很多领域出现萧条，而不是国内一些所谓的经济学家所称的国内经济一片繁荣，不断加息只会加剧国内民营企业的困难，导致制造业全面衰退，国内营商环境全面恶化。这是国内营商环境进一步恶化，两股避险资金逃入股市、楼市。

但笔者还要对郎咸平的理论进行一些修正与补充，那就是股市和楼市等资产市场的投机性繁荣吸收了相当一大部分的银行储蓄，而这些储蓄本来是应该成为贷款从而支持企业投资的，这样必然导致中小企业融资难出现，当年中国在股市、楼市大繁荣的时候出现中小企业倒闭潮，其最根本的原因就是这种“投机资金”挤压了“投资资金”，导致企业融资难，而破产企业又将自己的剩余资金投入资产市场，这又进一步推高了泡沫，形成了恶性循环。

紧缩性货币政策的危害

从理论上分析来看，政府试图通过简单依靠紧缩性的货币政策来解决资产泡沫问题的做法，是难以成功的，也是不可行的。而大量的历史经验表明，政府试图用紧缩性的货币政策来对付通货膨胀和资产泡沫问题的做法，不仅成功少、失败多，而且负面作用极大，不容忽视，它往往更容易引发经济衰退，产生经济灾难，有时甚至使得一国陷入长达数年的经济大衰退之中，大量的国民财富随之蒸发，失业率剧升，社会因此而动荡不安。1929 年的经济大萧条、日本经济泡沫破裂、东南亚经济危机、华尔街金融危机等都与货币突然紧缩有关系。

应对资产泡沫更多的是金融监管而非货币政策问题

关于如何更有效地抑制投机行为的问题，我们有必要回顾一下曾声名显赫的托宾税。著名的诺贝尔经济学奖获得者托宾先生曾提出，为了抑制短期投机性资金给国际金融市场造成的震荡，有必要对外汇交易征收交易税，这就是后来鼎鼎大名的托宾税的来源。

为了防止过火投机行为带来的不利影响，应该在快速运转的国际金融飞轮下面撒些沙子，对它们征收一定的托宾税，让飞轮转得慢一点，因为一个稳定的金融市场对该国保持经济的稳定和发展是绝对必要的。笔者以为，托宾税的本质却在于抑制短期投机行为，加大投机交易成本和减缓投机交易频率，因此对于我们思考如何抑制资产泡沫和投机热问题，仍然具有普遍的借鉴意义。

货币主义拯救危机是次优选择

有人将当前美国实行的量化宽松称为凯恩斯主义政策，这是对经济学的无知。美国的量化宽松是典型的弗里德曼货币主义，这些人之所以犯这些低级错误，是因为他们听说凯恩斯主义是干预主义，所以将所有的干预都称为凯恩斯主义。但这些人不知道的是弗里德曼也是个彻头彻尾的干预主义者，只是他的干预理论与凯恩斯不同，凯恩斯是财政干预主义，弗里德曼是货币干预主义，凯恩斯主张通过政府支出弥补私人支出的不足，而弗里德曼主义通过撒钱，扩大私人消费或是开支 .

争论了几十年，到底凯恩斯的财政政策有效呢？还是弗里德曼的货币政策有效？这次一看，大伙儿都非常明白，当然是财政政策效果更快，虽然货币政策也有效，但要慢得多。那货币政策效果不好，为什么还要用它呢？因为财政政策只有强势政府才能推行，才敢推行有远见的结构调整政策，在原来号称的三权分立相互制衡的西方多党制度下，所有的利益集团要抱住自己的既得利益不放，最终财政政策瘫痪，所以美国只有采取货币政策一个方法。

那如何才能驯服经济周期，或是如何才能挽救经济危机呢？对美国的大萧条，学者们一致认为，大萧条的出现是因为美联储的紧缩，因此都主张“撒钱”，世界上第一个提出直升机撒钱概念的是米尔顿·弗里德曼，而不是现在的伯南克主席。但本伯南克自 2002 年就得到了“印钞机本”“直升机本”的绰号，也绝非浪得虚名，这主要是因为他提出了具体如何撒钱的方法，也就是“将利率政策在一个较长的时间维持于零，大规模扩展美联储购买的资产种类，尤其是美国国债以外的资产，以及购买量无底线，这就是著名的量化宽松政策。因为“直升机撒钱”只能是比喻，不可能真正实施，所以“量化宽松”就成了弗里德曼“撒钱”思想的实际操作版本。

量化宽松政策最先是在日本实施的，当时也是伯南克帮忙出的主意。但既然在日本失败了，那为什么在美国还实施呢？因为在美国债台高筑的情况下，实行凯恩斯主义的空间有限，实行货币主义的量化宽松也只能是个次优选择。

弗里德曼的本职就是个统计员，弗里德曼指出大萧条时的货币紧缩也是从货币统计中总结的，货币主义的量化宽松，也是有天然缺陷的方法。因为货币有广义和狭义之分，狭义货币是指印刷机印出来的货币，而广义货币则指贷款变存款派生出来的货币，狭义货币的多少取决于印钞机，而广义货币的多少则取决于企业家的信心和企业工厂里的机器。目前，美国有 8000 亿美元的基础货币，但是仅仅这 8000 亿美元的基础货币就派生出了将近 10 万亿美元的广义货币，而印钞能力再强能印多少，如果印几万亿美元，那比美国有史以来印出的货币还要多。而且印刷货币就管用吗？企业家如果不贷款，那这些货币就只能在金融市场转悠或是躺在银行，对经济毫无用处。如果要派生广义货币，企业家的信心比印刷机强的多，用印刷机来提升广义货币，不能说达不到，但从原理上是不靠谱的。

美国大萧条时通货紧缩的现象是存在的，但原因是什么呢，是美联储的原因吗？大萧条时，到处生产过剩、企业破产，企业家不贷款，广义货币根本释放不出去。将广义货币的紧缩归结为美联储的错误是不懂经济运行规律的表现，弗里德曼是典型的倒因为果。当别人指责弗里德曼的研究不规范时，弗里德曼辩称自己是实证经济学，而这其实是对自己的无知进行掩护，如果不懂经济学概念，不懂经济运行的基本逻辑，即使数据统计出来了，也是在猜货币太少的原因。“因”和“果”总是伴随伴生，但“果”的出现，是因为“因”的存在，“因”的出现，绝不是因为“果”的存在。弗里德曼根据自己的统计数据，得出了大萧条是因为货币太少，但他根本不知道货币是怎么运行的，因此出的主意自然也是错误的。大萧条与货币太少确实是对应的，但大萧条的原因绝不是因为货币太少，而大萧条持续存在会导致企业家没有信心去投资，所以广义货币收缩。弗里德曼颠倒因果，误读误解，怎么可能得出正确的结论？经济危机之所以在美国得不到解决，因为其对经济危机的解释就是错误的。

其实“多发货币”是很容易想到的一个方法，弗里德曼能想到，凯恩斯就想不到吗？凯恩斯当然也能想到，只是凯恩斯反对这样的方法，因为凯恩斯认为“发了也白发”，凯恩斯认为存在“流动性陷阱”，也就是多发行的资金都到了“陷阱”里，货币根本就流动不起来。也就是经济发生危机不在于“货币的多少”，而在于“货币不流动”，让货币流动起来才是关键。而“流动性陷阱”之存在就是因为企业家缺乏投资信心。所以，温家宝提出“信心比黄金更重要”，这是有道理的。另外大家即使想投资也不可能有太多的机会，因为只要发生经济危机，肯定是生产过剩，即使现在的经济危机不再直接表现为制造业的生产过剩，而是以金融危机的形式表现出来，但从根本上仍然是生产过剩。比如，美国这次经济危机就是因为房地产过剩，房地产过剩，房子卖不出去，就想出各种办法，鼓励没有收入的穷人买房，最后穷人还不起贷款，演变成了次贷危机，又扩散成了金融危机、经济危机、国家债务危机，但从源头上讲还是生产过剩的问题。

回顾本次危机就会发现，凯恩斯说得非常有道理，因为大家都没有信心投资，也没信心消费，在这种情况下，发行货币是不管用的。如果当初美国不搞弗里德曼的量化宽松，而是采用凯恩斯主义，集中力量修高铁，估计美国经济在 3 年前就已经重新繁荣了。当然修高铁也不一定用政府投资，美国的资本市场那么发达，完全可以通过资本市场进行融资。

美国采用量化宽松用大概 7 年的时间才走出了危机，虽然比欧洲采取紧缩主义更好，但这个时间也太长了。

美国滞胀何来——单一货币政策惹的货

弗里德曼在货币控制方面的理论是“单一货币规则”。大家知道，货币政策调整，主要有两种手段：一种是利率调节，也就是货币价格调节，一种是货币数量调节，一般的条件存款准备金率。弗里德曼所谓的“单一”其实就是只调节货币数量，不管货币价格。调节货币数量是根据一个固定的公式，而不管现实的经济状况。

弗里德曼本身是个反政府主义者，他的初衷也是要紧缩货币的，但是事态不一定按你的初衷发展。美国在套用弗里德曼的货币发行公式时，不仅没有起到紧缩货币的作用，反而起到了超发货币的作用，这是因为弗里德曼的货币公式里有个“通胀加数”，结果是货币发得越多，通胀越高，下次发行的时候，加上一个高通胀，货币就发的更多了。以此循环，货币越发越多，最后到了不可收拾的局面，最后惨败，美国的滞胀就是这么来的。滞是因为高利率，胀是因为货币发的太多。美国 20 世纪 70 年代的滞胀完全可以称为“弗里德曼”灾难。

1970 ~ 1978 年担任美联储主席的是阿瑟·伯恩斯，他在担任美联储主席期间引用了弗里德曼的固定货币数量论，也就是后来的单一货币规则，结果酿成了滞胀。弗里德曼的经济理论在 20 世纪 90 年代就已经被废弃不用。

在历史上，美国联邦储备银行素来就有以利率作为货币政策中介目标的传统。在第二次世界大战期间，“钉住利率”（钉住政府国库券利率）甚至是美联储唯一的货币政策目标，在 1951 年美联储和财政部的历史性协议之后，美联储虽然从钉住国库券利率的羁绊中解放出来，但仍然以调整联邦基金（美国银行间同业拆借市场）的隔夜利率为主要政策手段。

直至 20 世纪 70 年代货币主义兴起，特别是阿瑟·伯恩斯入主美联储后，这种状况才得到改变。上任不久后他就宣布以货币总量为供给目标。

弗里德曼的货币政策称为单一货币规则，货币主义者的单一货币规则政策是指将货币供应量作为唯一的政策工具，货币当局或中央银行按一个稳定的增长比率扩大货币供应。又称稳定货币增长率规则。弗里德曼主张将流通中的货币加上商业银行的存款（亦即 M2）作为控制目标。20 世纪 70 年代，货币主义兴起，特别是 1970 年伯恩斯任美联储主席。

最终美联储的货币政策没有能够帮助经济增长，反而由于货币供应量过大，不断的推高了通货膨胀。

弗里德曼因为这一理论被授予了 1976 年诺贝尔经济学奖。诺贝尔奖给的颁奖理由是弗里德曼在货币的历史与理论等方面的成就，以及他论证了稳定经济政策的复杂性。然而弗里德曼研究货币历史无非就是统计出了个平均数，而更讽刺的是他的稳定经济增长理论，结果不但没有稳定经济，反而酿出了从没有过的经济扭曲，让经济更加不稳定。美国执行弗里德曼的单一货币规则的实践结果就是 20 世纪 70 年代的世纪大滞胀。

1979 年沃克尔上台，并开始强硬反通胀，他的办法是在“货币供应量”上再绑定一个“目标利率”，实质上基本放弃了单一货币规则，他最终将联邦基金利率提到了 19% 才结束了两位数的通胀和通胀预期。沃克尔在 1981 年将联邦基金利率抬升到了 20%。

接替沃克尔的是格林斯潘，格林斯潘彻底废除了弗里德曼的单一货币规则，美联储主席格林斯潘在 1993 年 7 月 22 日在参议院作证时，出人意料地宣布：美联储决定放弃通过调控货币供应量来调控经济运行的货币政策规则，改以调整实际利率，作为对经济实施宏观调控的主要手段。这标志着弗里德曼的理论彻底退出了历史舞台，而弗里德曼自己也在 2003 年终于承认他的货币理论从来就没有成功过。

其实只关注利率是对的，控制住了利率，经济就稳定了。无论是经济增长，还是经济萧条，都是适用的。当然后来金融衍生品大量发展，利率失灵这是后话，不能说控制利率政策的失败。

而控制 M2 比控制货币印刷更可恶，因为 M2 不是印刷出来的，而是企业贷款贷出来的。比如在经济萧条时，企业家没有投资信心，也就没人贷款，货币想发也发不出去，而到经济繁荣时，企业家信心爆棚，有多少钱都不够发，限制了 M2 就是限制了企业贷款，这不是控制政府，而是干预企业，干预企业就必然扭曲市场。

只要是稍懂货币常识的人都不会提出这么偏离常识而又偏激的政策。弗里德曼本身并非经济学家，而是个统计学家，他的货币理论是基于古老的货币数量说，他的独立贡献就是用他的统计学功底将这些量化了，而这种量化是基于以往的平均数据，这就是一个统计学家的贡献。

他从统计学切入货币发行，结果酿成了灾难。但弗里德曼的统计并非难事，在现代电脑计算能力发达的条件下，用一个 EXCEL 表格，将数据列好了，不用几分钟就能统计出来，笔者也曾统计过美国百年间通货膨胀与经济增长的关系，其实非常简单。而弗里德曼当年没有电脑，需要手工操作，也许比较麻烦，因此他弄出来的数据也就比较有震撼性，其他人也就不怎么质疑了。但脱离了货币理论，只看统计数据，即使统计清楚了，其逻辑也弄不清楚。作为统计学家，弗里德曼只有统计能力，而没有对货币理论的深刻理解，最终也没有弄清楚货币控制的逻辑。

我们也可以将中国的货币控制政策与之进行对照分析。我们目前的货币政策也是既控制货币数量（M2），又控制利率，那我们是不是跟沃尔克期间一样了呢？是不是说明弗里德曼理论在中国仍然在使用，甚至说弗里德曼理论仍然没有失效呢？当然不是，中国虽然既控制货币数量（M2），也控制利率，但本质上不是为控制而控制，中国货币政策核心中的核心是“紧盯经济增速”，这是最高层的原则；其次是控通胀，这是第二位的原则，货币数量（M2）和利率都只是个工具。

无论是美联储早期紧盯国债市场，还是后来紧控联邦基准利率，或是中国紧盯经济增速都是非常科学、非常合理而且是既聪明又巧妙的方法。因为货币需求是动态的，不同经济周期对货币的需求完全不同，控制货币数量具有本质性的错误。

住房难，住房贵，房价与货币的探戈

房价推高货币，还是货币推高房价

房地产商任志强经常宣扬一个结论就是“房价翻了5倍，中国的M2也翻了5倍”，相当于房子没有涨价，其实他说的完全是错误的，真实情况并非是货币增长和通胀推高了房价，而是房价推高了通胀和货币增长。他是倒果为因。

正如前面章节所说，我们平时说的货币一般是指两个概念，一个是广义货币，一个是基础货币，基础货币才是印刷出来的货币，而广义货币只是一个记账数字，与钞票的印刷关系不大。任志强所引用的M2数据其实是广义货币数据，与钞票的多少没有关系。

银行放贷后，企业借到的钱并不能马上使用，也不放在保险柜里，而是马上又存到了银行，这样银行就增加了一笔存款，也就是派生存款，也就是银行放出贷款一次，存款也增加一次；贷款记在账上，不仅不会造成存款的减少，反而会造成存款的增加，中国央行公布的存款余额大部分都是这样通过贷款派生出来的。这就是广义货币增长主要来源，也就货币的循环利用。

次贷危机后，虽然美国、欧洲等较着劲开动印钞机，但为什么世界流动性反而突然消失了？关键在于房地产价格涨跌对信用存在着扩张收缩效应。伴随着美国房价的下跌，美国的货币乘数也急剧下降了，原先美国的货币乘数一直维持在9左右，而到2008年11月份时已下降至5左右。

中国与美国的情况相反，美国是房价下跌导致了货币乘数下降，而中国则是房价上涨导致了货币乘数的上升。企业贷款是常规，中国的新增贷款主要是住房贷款。

也就是房地产商推动广义货币（M2）增长，买房也是创造M2的一个重要过程。比如在一线城市买一套房，贷款200万元，就是创造了200万元的M2，二线城市每个买房家庭大概创造50万元的M2，三线城市大概创造20万～30万元的M2。大家可以想想，每个家庭都以几十万的数量级来创造广义货币，那广义货币能不增加吗？

广义货币的多少主要由货币乘数决定，基础货币产生的影响基本可以忽略不计。当然中国广义货币的暴增，这里面不全是房地产商的原因，住房市场化本身就是个货币化的过程，只要是市场化供应，住房就很难买得起。因为大家都是在城市买房，城市的地都比较贵，因此买房所付出的资本远高于建筑材料的成本。其实东京、瑞士、纽约、伦敦房价也高的不行，关键原因是市场化，而不是政府。

任志强强调M2与房价的关系，其实是房价推高了M2。

另外，通胀也不是房价上升的原因，而是房价推高了通胀，中国每年通胀超过5%的时候很少，中国的绝大部分产品几乎都不涨价，或是一直在降价。比如，中国消费量最大的电器、汽车、消费电子商品都一直在降价，或是几乎不怎么涨价。如果真是货币的因素，这些商品的价格也应该翻了5倍，但是并没有，如果说消费电子产品的降价是因为技术革命的话，那汽车价格的平稳则不是吧，从汽车的价格就能判定中国的通胀水平。

其实中国的通胀只来自三个基础因素：一个是与粮食有关的，一个是与住房有关的，另一个是与大宗商品进口有关的。其实与大宗商品进口有关的，基本上都被企业的技术改进消化掉了，而与粮食有关的，是国家有节奏地控制的，基本上变化非常小，短期波动大，但长期波动小。唯一有关的就是房地产价格的上涨。中国近年的通胀主要是房价推动的。

那房价为什么这么高呢？这就是我们下面要分析的。

分配、泡沫、投机惹的祸

中国房地产不是分配的问题

中国一直将民生方面的问题，归结为“分配”出了问题，并且大多数人都对此深信不疑。但必须指出中国房地产面临的真不是分配的问题，如果是分配的问题，那只有少数人买不起房，但是现在不是，现在即使是大名鼎鼎的明星，已经跻身上流社会的精英人士，收入处于社会中等水平的所谓“中产阶级”都是买不起房。我们经常在媒体上看到，某歌星、某知名主持人、某副部级干部、某报社的高级记者，他们都买不起房，这难道你还能说是分配的问题吗？其实不是现在买不起的问题，而是看不到买得起的希望的问题。

社会学家早就指出“只有造福于多数人的政策才能培育共同的美德”，房地产已经成了为祸多数人的领域，所以社会也必将因之走向败坏，年轻人因为它找不到对象，官员因为它拼命贪污，老人为了它舍出养老的钱，学者为它丧失基本的良知，难道这些问题还不够严重吗？

总之，政府必须在住房建设中发挥更重要的作用，承担更重要的责任，而不是一味将主要责任推给市场，然后再对市场进行各种莫名其妙的治理，中国不是市场本身出了问题，而是住房市场化供应的根本政策出了问题。

不要用“泡沫论”来安慰自己

另外，我们必须澄清一个问题，那就是中国房地产没有泡沫，或是泡沫不大。我们不能再用房地产泡沫论来安慰自己，善良的中国人总是期望通过政府的调控能够挤走所谓的“泡沫”，然后让民众买得起房，其实这是错误的，中国的高房价在于市场化，根源是土地的市场化，是级差地租，如果认为县级城市，房价 3000 元一平米是正常的话，那一线城市房价 3 万元就不离谱，因为一线城市的地价比三四线城市贵 10 倍是正常的。因此在目前以市场供应为主体的情况下，房价不可能降下来，其实用挤泡沫来让房价回归的想法，最终是必然会落空的。中国房地产没有泡沫，靠所谓调控也挤不走泡沫，只要实行市场供应，房价就下不来。

中国不缺钢筋水泥，但是缺少可利用的土地，土地市场化必然会出现城市的高地价，从而出现高房价。中国房地产与货币的总逻辑是：市场化推高地价，地价推高房价，房价推高贷款，贷款推高货币需求，从来导致货币越发越多。

不要相信“投机炒作论”

中国调控的目标仍然是抑制上涨，而不是民众期待的降价，而且一直是打击投机。之前的限购就是为了打击投机，结果开始有效果，慢慢就没效果了，中国公布了那么多的调控措施，按说房价应该有个下跌，但是也不明显。说明投机炒作不是影响房价的核心因素。其实中国这些年的调控都是针对投机进行调控的，但效果不好，只能是遏制住房价，如果不是投机的话，那中国高房价背后的真问题是什么呢?

房地产背后的五大“真问题”

中国高房价背后有这么五个真问题，这才是关键。

规划问题

中国的房价和地价有着极强的“地王”带动效应，“地王”主要是城市的黄金地段。当前城市的黄金地段，住宅楼已经非常少了，但是写字楼却在频繁的兴建，土地价格是不存在刚性成本的，弹性极大，因此中国房价的治理必须采取“掐尖”政策，从房价最贵的地方进行治理，必要的时候，对功能重新划分、移出，“禁建”都是必需的。比如，在中央商务区不得再新建高楼等。

治理，从城市规划上入手，特别是对各大城市的CBD进行规划，中央商务区内不得再新建写字楼，老楼拆除之后只能建成住宅楼。目前中国各城市的中央商务区都存在着人口过密的情况。写字楼过多，住宅楼必然过少，而开发写字楼的效益又高于住宅楼，开发商都倾向于开发写字楼，所以如果不是人为进行规划，那必然是这样的结果，结果住宅的房价越来越高，这也是为什么笔者在“低生存成本社会”理论中，专门有一条是“合理规划商业区和住宅区”的道理。

中国也主张增加土地供应，但是如果前面的规划没有做好，供应是供应不上的，而且即使城市的非核心区域增加了供应，也无法抑制房价上涨。因为这个市场不完全是总量上的供需问题，而是局部增长过快，从而带动整体房价上涨的问题。

税收问题

房地产工程一向是经济支柱，各地的政府贷款也主要以土地做抵押，土地转让费是主要的财政收入。要想降房价，就必须解决地方政府的收入问题，世界各国都是这样，要么卖地，要么征税，税收低土地就必然贵。中国的税收现在其实是很低的，在福利国家税收一般占到 GDP 的 50% 左右，而中国仅有 30% 左右。如果要避免土地财政，征税是必须的，这个问题绕不过去。当然征税不是向底层民众征税，也不是向企业征税，而是向社会资源消耗比较高的人群征税，比如销售税、奢侈税、赠与税、遗产税等。

利率问题

中国一个家庭有两套房的太多了，而且民众有点钱就想买房。比如中国家庭年净收入在 10 万元以上的家庭非常多，这些人 3 ~ 5 年就能攒下几十万元，这些钱怎么投资，还是买楼，这就是中国房价下不来的原因。中国的中产家庭基本都将买楼作为资产保值的手段，要想避免这一点，笔者建议将一年期存款利润与 CPI 挂钩，一年期存款利率不要再由央行调整，让其直接与 CPI 自动持平，这样才能避免公众的投资性买楼，让存银行也有利可图。

房地产问题

中国不缺钢筋水泥，但是缺少可利用的土地，土地是限制级资源，不能按市场进行自由供应。在这一前提下，中国房地产也是不能随意供应的，确切地说，是不能谁想买多少套房就买多少套房，中国必须对单一家庭拥有的房产数量进行限制。比如，规定每个家庭不能拥有超过3套住房，超出这一数额就定为犯罪，或是对超出的房子实现高额的社会资源占用税，迫使他们卖掉房子，这才是真正的调控。

市场化问题

只要市场化就必然出现高房价，这是由级差地租决定的，改变不了的。经济适用房、廉租房，这些房地产的点缀是解决不了问题的。中国需要对住房政策进行通盘的考量以及彻底地改弦更张。笔者主张按保障面积来划分政府与市场，意即在一定面积内政府应该向民众免费提供住房，而超出这个“保障面积”的话，则由政府或民众共同承担，或是民众自己承担。比如，政府免费为民众提供10平方米住房，如果想住的更宽敞，可以再自己购买。

中国房价崩盘难

房地产与股市相同的是两者都已经沦为金融产品，但两者又是不同的，股市买卖非常方便，可以在短时间内进行大量的交易，但是房地产不行。所谓崩盘就是价格短时间内大幅下降，如果发生这种情况，就必须能够在短时间内进行频繁交易，但房地产市场不是这样的情况。房地产是没有形成金融市场的金融产品，是非常特殊的金融产品，其他的金融产品都有集中而固定的交易场所，而房地产没有。

其实日本房地产价格到达最高峰之后，也没有出现一个急剧的下降，而是一年一点慢慢下降的。而中国经济在发展，房地产长期内还会上涨，因此这两股力量对冲的话，中国房地产可能发生崩盘。

房价看涨预期是房地产投机首因

中国房地产价格的长期泡沫化固然与金融、货币等因素有关系。但是从更深一层次进行考虑的话，我们就会发现，中国房地产价格“长期看涨的预期”才是房地产投机，以及民众急于买房的最核心因素。也就是人们认定房地产必然会涨价，所以人们才会买房。

我们治理房地产价格也必须从打消这种预期入手。

如果政府能够做出房地产价格下降的承诺，并切实实现这一承诺，那中国房地产价格上涨的预期就自然消失，毕竟现在的房地产价格是虚高的。如果中国房地产价格长期上涨的预期不复存在，那房地产市场的非刚性需求也自然会望风而退。这将会成为中国房地产价格回落的一个最重要因素。我相信中国政府是可以做到这一点的，因为政府手里的牌还很多，只是想不想打出来的问题，这不仅仅看地方政府的态度，更考验中央政府的决心。

高房价的最大危害在于推高通胀

尽管中国的通胀原因复杂，比如不可低估的货币因素、不可避免的输入性因素，但是还有一个我们容易忽略的因素，那就是因房价不断攀高而引起的通货膨胀。这里面又包含两个原因，其一是地租级差化的问题，其二是房地产泡沫的问题。

确切地说，中国的地租级差化是从改革开放之后开始的，而 1997 年的住房制度改革又使这一过程进入加速阶段。地租级差化的过程本身就是造成通货膨胀的因素。中国用十几年时间完成了发达国家几百年才完成的过程。在中国地租级差化的过程中，包含着两个重大转变：其一是从无地租到有地租，其二是从平等地租向级差地租转变，这两个因素都大大推高了通胀。

地租级差化本身就在推高中国房价，而中国近年来投机性的房地产泡沫化更是放大了这一因素。中国 GDP 7 ~ 8 年才翻一番，而中国房价自 1997 年改革以来，已经翻了 10 番左右，这对通货膨胀将是多大的冲击力。当然，房价的上涨与地租（含商业地租和房租）的上涨并非同步，中国也一直存在着房价上涨与房租上涨的偏离，主要表现为房价上涨快，房租上涨慢，但正是这种偏离，为日后房租的报复性上涨预留了空间。要么降房价，要么涨租金，如果房价在短期内降不下来，那么租金必然会涨上去，这将是继续推高通货膨胀的主要因素。

另外，中国现在最大的问题是我们不能再制造更多的房奴。因为每个房奴都是中国经济内需不振的来源。每个房奴的还贷期都在 20 ~ 30 年。日本当年的高房价致使至今还有很多人在背负着贷款，这也是日本经济不振的原因之一。这样的悲剧不能在中国重复上演。

房价不可能“大降”，买不起房的人也租不起房

关于买房问题，政府虽然有过让民众暂时租房住的表态。而现实情况是如果房价长期脱离民众收入水平维持高位，那租房也很难满足民众的需求。因为那些买不起房的人，租房照样存在经济困难。租房每月的租金并

不比供房的房贷少多少。这也是人们倾向于买房的原因，也是我们主张房地产价格必须降下来的道理。

尽管中国出台了很多措施，但是中国房地产价格不可能出现大降。

首先，中国房地产价格的攀升主要是地租级差化的过程，而这个过程是不可逆转的。

其次，我们可以参照中国房地产泡沫比较小的中西部二、三线城市来看中国的房价，中国的中西部三线城市的均价一般在3000多元一平米，这与北、上、广、深主城区的差距在10倍左右，如果认为中国二、三线城市不存在房地产泡沫或是泡沫很小的话，那中国北、上、广、深等城市的房地产价格就不能算是高得离谱。因此中国所谓的房地产降价，也只能是挤掉其中的泡沫成分，而对因地租级差化推动的房价上涨部分是没有任何影响的，从这个角度来看，中国房地产价格不可能大降。

另外，中国房地产价格还存在成本刚性。房地产价格最终是由成本与利润决定的，中国的房地产成本主要由土地成本、建筑安装成本和各种税费及营销成本组成。在这些成本中，建筑安装成本、营销成本变动不会太大，房地产税费短期内也不会大幅调整，因此中国房地产价格不会出现自由落体式的下降，也就不会对房地产企业产生不可承受之冲击。

房地产价格下降危害不大

关于中国房地产价格下降是否会冲击到中国经济，我认为这不必担心。因为房地产价格下降冲击中国经济，是建立在房地产的需求和供给的下降的前提下的。而这样的情况很难发生。

对于地方政府来说，房地产价格下降，可能会造成土地出让收入的减少。但在现有土地出让体制没有大变动的前提下，中国地方政府的土地出让收入也不会迅速下降，因而也不会对地方政府的财政收入造成大的冲击。

总之，中国房地产购买市场的需求刚性以及中国房地产供应市场的成本刚性这两个最关键的因素决定了中国房地产价格即使下降也是一个平稳回落的过程，不会对房地产企业和地方政府造成非常大的冲击。

中国现在实行的是社会主义市场经济，在市场经济条件下，没有任何一个行业的市场总容量是持续增长的，这在其他行业早已经是常识，房地产行业也应如此。房地产企业本身就应该有这样的意识与应对能力。只要市场容量存在，房地产企业就能生存，房地产价格下降只会将那些弱小的房地产企业淘汰出局。

房地产价格平稳回落是一个不可阻挡的大趋势，与其让泡沫大到一定程度才破裂，不如提前主动挤掉泡沫。人为地托市是愚蠢的行为。让房地产价格大胆地降下来吧！

按面积提供保障房更合理

住房是最大的民生，新加坡不属于福利国家，民众福利都来自于自己的储蓄，这种制度其实和美国及我们现在实行的社保制度没什么两样。但新加坡就是住房问题解决的好，因此新加坡一直经济繁荣、政治稳定，建设成了国际公认的中产阶级社会。我们也必须将住房问题解决好。

城市化不导致耕地减少

中国现在有个似是而非的观点，那就是城市化会使耕地减少，但这只是个短期现象，城市化最终不会造成耕地的减少。只有在中国现在这种大部分人都在城市、农村“两栖”生存的情况下，才会导致耕地的减少，我们可以用数据来说明。

中国现在城市的人均占地面积是 130 平方米，在发达国家是城市人均占地面积是 80 平方米，中国的城市密度要大于发展国家，但是为什么中国的城市人均占地面积反而比发达国家多了呢？笔者分析，这主要是因很多中国人常年生活在城市，而其户籍不在城市，因而导致平均数过大。

我们可以拿我们现在的城市人均占地面积 130 平方米来与农村人均占地面积进行比较，我们就可以知道，城市人均占地面积不可能比农村大，也就是民众从独门独院的平房搬到楼房里住的时候，是不可能导致占地面积增加的。

中国城市化已经进入尾声

中国的城市化不是刚刚开始，而是已经进入尾声。目前中国的年轻人已经大部分在城市就业，农村都是些老弱人员。如果以就业为标准，而不以户籍为标准，那么中国的城市化进程已经基本结束，中国的城市就业人口在以后将不可能大幅增加，而近年从沿海到内地不断蔓延的用工荒则非常生动地说明了这一点。

中国现在需要解决的是生活在城市中却没有住房的大量存量人口的住房问题，中国某些专家指出的中国需要用 20 ～ 30 年的时间解决中国的城市化问题，是对中国形势的重大误判，很可能会误导政府做出错误决策。中国现在是在补早期城市化过程中的欠账，因此中国不是像个别专家所指出的要用 20 ～ 30 年的时间解决中国的住房问题，而是要用 5 年左右，最多不能超过 10 年的时间来解决中国的住房问题。

中国民众的住房问题该如何解决

以居住面积来划分政府与市场，意即在一定面积内政府向民众免费提供住房，而超出这个规定面积的话，则由政府或民众共同承担，或是民众自己承担。

首先房地产对财富的转移效应太大，这既不利于经济的稳定，也不利于政治及社会的稳定，对民众及国家都没有好处。其次，政府为民众提供一定程度的住房，可以保证社会的稳定，这也是政府义不容辞的责任。政府在住房保障方面，一定要选择比较科学合理、公平的方式，目前以收入为标准的住房保障制度并不好，可以考虑转向以面积为标准的住房保障制度。

当然除了按面积提供保障住房外，中国还需要稳定房价，方法就是前面在第 2 章最后一节中所讲的让国企微利房进入市场，只要国企开发的房子按照成本定价，市场就不会出现跟风涨价的情况，房价就可以稳定下来。

第6章

无波动增长态

精准调控

李克强总理关于经济增长上下限的表述引起了中国经济学界的高度关注，不仅是因为这个说法很新，更是因为李克强总理真正总结出了中国政府进行经济治理的根本原则，“无波动增长”是经济最优状态。李克强总理为经济发展确定上下限的做法不仅是为了降低经济的波动，也带有“精准调控”的意味在里面。笔者在之前论述通胀形成原因时就指出，通胀本质上不是货币现象，而是经济增长现象，因此必须控制经济增长，而不是一味地强调货币调控。

在笔者的精准调控理论中，调控经济增长速度也是一个非常大的特色，其他还有产业调控，最后才是货币调控，目前的宏观调控往往是货币调控先行，产业调控次之，经济增速调控用得不多。

李克强总理指出，经济运行出现一定波动，有客观必然性。宏观调控的主要目的是要避免经济大起大落，使经济运行保持在合理区间。其“下限”就是稳增长、保就业，“上限”就是防范通货膨胀。

李总理之所以提出这样的原则，是因为在现实的经济管理当中，“两难”问题非常多。不同时期表现为不同的矛盾，而这样的矛盾时时刻刻在转化，因此必须把握好合理区间和政策框架，而对于宏观政策的制定者来说，则是增强宏观调控的科学性、预见性和针对性。

这既是对中国多年经济调控思路的总结和升级，也是在对经济危机以来一系列经济问题进行分析总结后的思想结晶。经济治理根本就不能大幅波动，“无波动增长”本身就是宏观经济治理最重要原则之一。这是因为企业家受不了波动，只要几个月没有订单，企业就会倒闭，企业家多年的积累就可能毁于一旦，职业工人也受不了波动，失业、没有收入是任何一个中国人都不愿意看到的。况且中国经济根本就不需要波动，那是不必要的代价。调结构根本就不必以损失经济增长为前提。调结构是一个“此消”和“彼长”的过程。外需减少并不一定导致内需增加，投资减少并不一定导致消费增加，笼子腾出来了，但鸟不一定能换来；经济增长放缓了，结构转型也可能毫无效果，希望通过降低增长速度以期自然实现结构调整和促进消费可能是一厢情愿，相互之间并没有因果关系。外资投行和中国一些喜欢随声附和的学者一谈到调结构，就首先拿降低经济增速说事，这是对经济本身的无知。

为经济设定上下限科学合理

为经济增长设定上下限是一种非常科学的经济治理方式，因为经济内部是有增长能量的，但这种能量的释放往往并不均匀，这种能量一般常见为四种来源，分别是科技的进步、消费的提升、交际的扩大和生活方式的转变。经济内部的能量非常多，关键靠挖掘，比挖掘更重要的是有节奏地释放。在自然条件下，这些能量的释放都是不均匀的，都是随机的，比如科技，说不定“真理的苹果”什么时候就砸到科学家的头上。而消费的提升、交际的扩大、生活方式的转变等则比科技进行更缓和些，但也很难控制，也受很多黑天鹅事件的影响。

经济发展不能不均衡，如果不均衡，经济繁荣时就会出现产能扩大，到了萧条时这种产能就成为巨大的浪费，企业家也会出现巨大的损失，这些产能背后都是机械设备、厂房、原料等。如果产能过剩，很多崭新的机械设备可能就被当废铁来卖掉。

另外，市场经济主要靠价格杠杆进行调节，但是价格杠杆往往并不起作用。比如，就业人口对劳动力价格就不敏感，劳动工资的增减不会导致就业人口的增加或减少，人口的增减与经济波动不相一致，人口的波动往往非常小，人口减少在现代社会几乎不可能。如果经济发展不够匀速，那么经济好时，劳动人口不足，就会出现工资暴涨，最终导致通胀，而经济不好时就会出现巨大的失业，从而影响消费，更加剧经济萧条。所以经济匀速发展非常重要。

外资投行对“李克强经济学”的扭曲

中国宏观经济政策确实在不断地进行周期性的转向，但也有很大的连贯性，正如李总理 2013 年 7 月 16 日在经济形势座谈会上所强调的“既不能因经济指标的一时变化而改变政策取向，影响来之不易的结构调整机遇和成效；也不能对经济运行可能滑出合理区间、出现大的起伏缺乏警惕和应对准备。要把综合运用多种政策工具和充分发挥市场机制作用有机结合起来，注重创新驱动，既稳当前、又利长远，一举多得。”

李克强总理上面的总结和表态，其实是对外资炒作的“李克强经济学”的直接否定，“李克强经济学”由巴克莱资本公司创造首次提出，按照巴克莱给中国预设的路径：李克强经济学的政策将把中国推向“临时硬着陆，未来 3 年里，中国的季度经济增速会降至 3%，在那之后，中国经济应能迅速反弹，未来 10 年内保持每年 6% ~ 8% 左右的经济增长。”巴克莱还为李克强经济学总结了三大支柱，分别是经济减速、财政货币去杠杆化、改善经济增长质量。

其实只要熟悉经济史的人一眼就能看出，巴克莱方案其实就是美国经济学家杰弗里·萨克斯为俄罗斯开出的休克疗法的变种，俄罗斯使用休克疗法结果惨败。中国如果采用了巴克莱方案其结果也可想而知。中国显然不会上当，而李克强总理近期重申中国政府的经济治理哲学，其实也是对外媒所炒作李克强经济学的一种回应，这种“诱错”式的炒作，中国经历得太多了，外媒所希望的其实就是我们最应该避免的，正是因为中国一直坚持独立自主的经济政策，也才有了今日的成功。

另外值得注意的是，巴克莱总结的李克强经济学，第一大支柱就是让经济减速，而李克强总理的回应重点就是经济增速不能滑出下限。其实如果中国经济增长率真的降到了 3%，且不说其经济后果如何，仅仅从信誉上就是一个重大的损失，中国改革开放后经济增长低于 7% 的时候都没有过，如果降到 3%，那各种关于中国经济失败论必然甚嚣尘上，到时候即使中国有能力让经济恢复正常，也已经留下历史污点。到时候很可能就是巴克莱等投行落井下石的时候，因为这些年他们就一直在寻求唱空和做空中国的机会，但一直没有找到，那些真正做空中国的机构无一不是惨败而归。其实，说得更清楚一点，就是那些希望中国走向低投资、低增长、高消费的人的见解不仅无知而是毫无可取之处，更是用“李克强经济学”的名义兜售自己的私货。

“无波动增长”是经济最优状态

那如何使经济实现匀速发展呢？这就需要经济的管理和控制，就像放风筝一样，有拉有放，但有些因素是不能控制的，比如科技进步，因此当不可控的因素导致经济增长过快时，就应该适当压缩其他领域的投资，当科技进步不那么快时，就应该加快其他领域的投资。总之，导致经济不稳定的一般是新兴产业，而控制往往从传统行业入手，从而达到经济整体的稳定。

其实控制传统行业并不无道理，比如铁路、高速公路、城镇地铁、水电站、核电站等早就被发明出来，但这些项目建设周期长、普及周期长，因此，对这些项目进行适当的控制对这些行业的影响非常小。比如，铁路普及需要 100 年的时间，而一个经济周期也就 7 ~ 8 年的时间，一般需要控制的经济周期不过 2 ~ 3 年的时间，这 2 ~ 3 年的时间少上或是多上几个项目，基本上影响不大。

此外，中国就是放风筝的高手，中国经济的控制非常强，特别是中国对货币的控制比发达国家严格得多，中国的总体利率水平比美国一直高很多。也就是说，中国对经济一直是往下“拉”的。另外，中国隔一段时间就会清理产能，这也是抑制经济的表现。但在西方国家，除了货币政策之外很少对经济进行控制，导致经济危机总是发生。对于那些内生能量比较强的国家，经济危机之后在下一轮科技周期到来的时候还能回暖，而对于那些内生力量不强的国家，则往往会在经济危机中一蹶不振。

我们从经济能量释放的角度可以将经济分为两种：一种是温泉型经济，一种是火山型经济。温泉型经济就是经济能量缓慢匀速释放的经济，而火山型经济则是经济能量在一段时间剧烈释放，在另一段时间休眠的经济。西方国家基本上就是火山型经济，而中国则是温泉型经济。显然温泉型经济是好的、理想的，但这需要控制的艺术，更需要相应的制度保障。

最后，经济内部确实蕴藏着很多增长的能量，但这种能量的释放却是不均匀的，经济能量的不均匀释放一方面会造成巨大的浪费，另一方面还会延滞后续能量的释放，阻滞整个经济的发展，后者的危害更值得警惕。因此，对经济发展的节奏进行适度控制，为经济增速设定限制，让经济的能量稳定匀速地释放是必要的。

从“宏观调控”走向“精准调控”

前面我们提到过弗里德曼，这个人被称为货币主义的大师，既然是主义了，那就必然有一套与众不同的东西，他的那套东西就是单一货币规则。

第二次世界大战之后，人类对经济的调控先后经历了弗里德曼的“单一规则”时期和泰勒的“通胀目标制”时期，目前这些理论都已经失灵。

弗里德曼认为“货币供给量的变动”是引起经济活动和物价水平发生变动的根本原因，主张货币发行增长率要保持一个不变的速度，反对凯恩斯主义“相机行事”的货币政策，20 世纪 80 年代以来，美国联邦储备银行基本上接受了货币主义的“单一规则”，把确定货币供应量，也就是 M2，作为对经济进行宏观调控的主要手段。但是货币是如何变动的呢?主要是企业扩张，而非央行，因此理论上就不对，在实践上也不可行，美联储制定的货币增长目标没法控制。

另外货币必须稳定，但是不能固定，稳定与固定有着截然不同的区别，因为现在过度依赖货币，导致货币无法稳定，要想让货币稳定，必须解除对货币的过度依赖，也就是从主要依赖货币调节的宏观调控，走向主要依赖建设项目调节的微观调控，项目调控是调控的宏观经济，而托宾调控则是调控微观市场。

经济本身就是有周期、有波动的，将经济波动归结为政府货币政策是自欺欺人。如果经济本身波动，而货币固定不动，那整体经济的波动更大。固定货币就像连环战船一样存在问题，国际经济中的失败也是如此。

弗里德曼规则失败后，美联储开始使用泰勒规则，这由斯坦福大学的约翰·泰勒于1993年根据美国货币政策的实际经验确定的一种短期利率调整的规则。泰勒主张保持实际短期利率稳定和中性政策立场，这样就从固定货币回到了相机决策。美联储格林斯潘在位18年，经济一直非常稳定。

但仅仅将CPI衡量的通货膨胀目标作为美联储行为的依据，极大地忽略了金融资产市场对过多流动性的吸附，以及这种资产膨胀对实体经济的影响；更忽略了金融衍生市场对货币流动性的创造能量：当今的货币创造，不仅来自传统存款类金融机构的存贷款业务，也日益来自名目繁多的金融衍生市场。比如，抵押贷款的多次证券化，无疑扩张了货币流动性的派生创造能力。这导致了美联储盯住通胀率，倒是在既定目标范围内，但超级资产泡沫及其带起的经济过热如火如荼地升起，只是不在央行的视野之内，非但没有采取任何抑制举措，反而在政策措施和信号上一再放纵，直到泡沫破灭并带来了比恶性通胀还要严重的经济衰退。结果没几年后，便发生“次贷危机”并蔓延成全球性金融危机。

当前的世界，为什么中央银行放水放了这么多，商业银行手中有大把大把的现金为什么不放贷？真正的制约在于实体经济缺乏投资机会，企业家对未来不看好，不愿意在这个时候借款，货币不可能真正地刺激经济。其实现代经济之复杂远非宏观调控就能解决的问题，而应该更注重微观调控，特别是财政和金融监管政策的运用。在经济低迷时，用财政政策启动经济信心；在经济过热时，用金融监管政策消除经济泡沫才行。

其实宏观调控既存在无效性，也存在非必要性损害。无效性主要体现为实施宽松货币政策时，比如在企业贷款意愿不强的时候，放宽贷款无效，而且容易产生投机；而非必要性损害主要体现为紧缩货币政策，它会导致很多正常的商业项目受到影响，比如中国自 2011 年以来的货币紧缩政策导致了众多企业家跑路，而经济调控与正常的商业竞争不同，商业竞争淘汰的往往是落后行业，而经济调控中受到影响的往往是朝阳行业和龙头企业，因为这些企业往往处于扩张期，而现在企业经营更多是依赖银行贷款或私募融资，这两者都直接或间接受信贷政策制约。

货币学派和奥地利学派将经济波动归结为货币政策是本末倒置，倒果为因的。精准调控其实就是"对症下药"，而不是盲目用药。比如资本市场出了问题，那就直接治理资本市场，如果是实体经济出了问题，那就直接治理实体经济，而不是不分问题、不分情况地盲目运用货币政策，宏观调控之所以问题多多，最常见的问题就是对货币政策的过度运用，只有精准调控才能避免伤及无辜。

精准调控应该设立利率和存款准备金率的上下限，使货币政策始终在一个比较温和的范围内浮动。其实，自 2012 年以来，中国已经吸取了以前过度依赖货币政策的教训，在本轮保增长的调控中仅仅使用了逆回购这样的温和手段，外加项目投资，而没有使用准备金、利率等货币政策猛药，这其实就是微观精准调控的表现。

人类是在教训中吸取经验的，也是在变化中不断适应环境的，经济调控从宏观调控向精准调控是人类发展必然，也是调控技术不断进步的体现。

首先，放任危机是不对的，经济之所以出现危机，肯定是结构出了问题，如果不从微观上调整经济结构，经济危机的根源不可能消除；其次，将经济危机归结为人为因素，特别是政府的宏观调控政策，比如奥地利学派就是这样，这是典型的阴谋论，人类共同的问题不能由个人承担，制度缺陷造成的问题也不能由个人承担。人类生活在风险社会，经济的发展，人类的进步都会导致新的风险的出现。

人类虽然总是面临危机，但是每次面临的危机却有所不同，人类可以通过自己的智慧消除产生危机的因素，但是人类不可能避免新问题的产生。人类处理危机的能力应该得到肯定，政府的作用也应该得到重视。经济危机最终都是通过完善政府职能来解决，除了政府之外，其余不可能有任何机构举备解决危机的能力，放任危机是对社会不负责任的戕害。

不同经济周期中的货币政策与财政政策

笔者以为，央行最大的任务是应对经济周期，而非应对通货膨胀和资产泡沫，现在各国的央行都将自己的任务放到了应对通货膨胀和资产泡沫上。首先，央行在控制资产泡沫方面的无效性已经被历史无数次的证明；其次，在通货膨胀方面，现在的通货膨胀基本上都是结构性通胀，而全面的通货膨胀只有在货币增发的情况下才会出现，如果没有货币增发，也就不会出现全面的通货膨胀，而在结构性通胀方面，央行是无能为力的，也不应该介入。

我们可以将经济周期分为危机、复苏、繁荣、泡沫四个阶段，根据这四个阶段来确定央行的货币政策，我们可以将央行的货币政策分为“货币数量型控制”和“货币价格型控制”两种，“货币数量型控制”包含提高存款准备金率和公开市场操作等，“货币价格型控制”主要是指存贷款利率等。

经济周期各阶段的货币政策选择

第一阶段：经济危机期数量与价格都不需要控制

经济危机期是经济基础最脆弱的时期，也是人们对经济前景最悲观的时期，这个时候实体经济和虚拟经济都非常萧条。这个时期，央行应该尽最大的努力帮助经济走出危机，因此，在这个阶段的货币政策应该实行货币数量和价格“双放开”政策，首先货币价格的降低可以使房市、股市等投机性资产市场率先复苏，这可以帮助人们树立战胜危机的信心；其次货币数量的放开可以在一定程度上缓解企业融资难题，也有利于实体经济的复苏。

第二阶段：经济复苏期

在经济复苏期，经济尚不稳固，这时银行在货币数量方面应该坚持宽松政策，保证银行向实体经济进行充分的信贷投放，这时不需要提高存款准备金率；而在价格控制方面，应该有所控制，因为在经济低迷后的经济复苏期，资产泡沫有可能抬头，这时提高货币使用价格，可以将资产泡沫消灭在萌芽状态，也可以避免资产投机市场占用太多资金。

第三阶段：经济繁荣期

在经济繁荣期，对货币数量和货币的价格都应该进行适度的控制，两者无所谓的孰轻孰重的问题。

第四阶段，经济泡沫期

经济泡沫期，经济虽然呈现表面性的繁荣，但这时的经济是最脆弱的，就像一个快要爆炸的气球，不要看它身躯庞大，实际上一捅就破。因此这时的货币政策非常重要，这时的央行可以不对经济进行干预，如果干预的话，可以适当收紧货币数量的投放，而绝对不能提高货币使用价格，提高货币价格就像用针去扎气球，这时应该让其他相关部门出手，让气球中的空气慢慢释放。

在以上经济周期的四个阶段中，经济复苏期和经济泡沫期是货币政策最重要、最谨慎的时期。

2007 年中国经济硬着陆及 2009 年的房地产泡沫都事出有因

在 2007 ~ 2008 年的经济泡沫期，中国又是提高存款准备金率，又是提高利率，结里导致中国经济在 2007 年的经济硬着陆，6 万多家企业破产。中国在华尔街金融危机后的复苏期，连续提高存款准备金率，而没有大幅提高利率，这与笔者的理论正好相反，结果中国出现了房地产大泡沫。

货币政策：杀鸡焉用宰牛刀

当时中国的经济调控政策是需要调整的。首先，其不足表现为目标太多，既要应付通货膨胀，又要应付资产泡沫，还要应付贸易顺差和货币升值，实际上，对这些事情，央行也不应该管，也没有能力管，央行的货币政策是“国之利器”，不能轻动，杀鸡焉用宰牛刀！ 2007 年下半年和 2008 年上半年的经济硬着陆，以及 2009 年的房地产泡沫，央行的货币政策应该负直接责任。对经济进行宏观调控应该是多部门的工作，央行不应该起主要作用。

当然，那个时期全世界的央行都是错误的，正是它们的错误才导致了如此之严重的经济危机，如果它们学会了精准调控与宏观货币政策的应用，也就不会产生这些问题了。

货币政策的超调与回调

货币政策一直没有货币主义者所相信得那么灵验，相反用货币政策治理经济问题往往会出现“超调”的问题，而一旦出现了“超调”，而不及时进行“回调”，那么就必然会酿成新的经济问题，而货币政策的“超调”与“回调”问题一直没有得到学术界的重视。

在现实经济治理中，货币政策的滞后性是指货币政策经常会放得过宽，或是提得过紧，因为判断货币政策是否得当了，主要看宏观经济指标，而货币政策传导到宏观经济指标上需要大概 3 ~ 4 个月的时间，甚至更长。而货币当局为了平复某种经济现象往往等不及这么长时间，因此容易过度调节货币政策。

货币当局为了平复某种经济现象（主要是经济衰退和通货膨胀），而这两者如果用货币政策进行调整的话，本身也都需要很大剂量。因为经济危机时，即使放松货币，人们也没兴趣投资。通胀时期，即使大幅紧缩货币，也很难打消人们对物价增长的预期。

除了货币政策的滞后性导致货币超调外，其实货币政策本身的有限性也会导致货币政策的超调，货币政策并没有那些货币主义者宣称的那么有用，经济危机的解决或者通胀的治理往往需要多种政策的配合，如果其他政策配合不到位，单一依靠货币政策，就必然导致货币政策的过度使用。

货币政策不仅与自然经济周期做斗争，还与人心做斗争，当调节不到位时，人们就会说你“空调”。这时市场原教旨主义者也往往会跳出来批评政府干预，借调节问题向政府发难，在这种状况下，政府必然会出现超调问题。

另外，人心也是导致货币政策一旦超调就比较难以挽回的原因。比如，通胀刚刚被控制住的时候，通胀恐惧症仍然存在，这时央行即使知道货币政策处于超调状态，也不敢回调，因为如果回调必然遭受人们的误解，遭到舆论的批判。央行不仅是一个专业的财经单位，更是一个政治单位，政治单位就必须考虑民意，而民主政治很多时候就是舆论政治。比如，通胀刚刚平复时，如果放松货币，人们肯定会说，刚刚治了通胀，马上又放松货币，老百姓可不懂什么货币滞后性，也不管你超调不超调。老百姓的思维是非常简单的，而舆论往往扮演煽风点火的角色。

超调和回调的问题，是客观存在的，由于货币政策的滞后性和有限性，不超调几乎不可能，只要一动用货币政策就必然出现超调问题，观察中国和美国的经济政策，几乎每次都出现超调问题。但目前根据笔者的观察，几乎没有一次回调的，而一旦出现了超调问题，就必须要求解决回调问题。

不改变超调状态根本不行，比如，为治理通胀而实行的紧缩政策，如果不解决超调问题，经济必然导致长期的紧缩，以至于下一次崩盘来临时，才有可能回调。因为除非经济衰退，不然没有放松的理由。如果下一次衰退得不厉害，人们可能还不会回调，比如在本轮经济危机中自 2011

年起就出现了货币超调的现象，但是这种问题一直没解决。高利贷崩盘潮、企业家跳楼潮、美国量化宽松退出等都是中国解决货币超调问题的好时机，但是都没有抓住。只是在2014年中国政府才真正重视这一问题，才采取了诸如定向宽松、加大合意贷款、信贷便利等措施，但都是小打小闹，几乎没有什么作用。

这是因为在政策制定者的心中并没有明确的货币超调与回调的概念，即使朦胧中有这方面的意识，但如果不能变成坚定的信念，问题也就一直得不到解决，而学术界也一直没有提供这方面的支持。

货币政策的回调问题，也要具体分析。货币从紧变松的回调是最难的，而从松到紧的回调还相对容易些，因为央行完全可以用“防通胀”当说辞进行紧缩，毕竟老百姓更担心通胀而不是经济增长，老百姓只要不通胀就行了，增长不增长，他们不管。但如果从紧到松，就会有通胀恐惧症作怪，而央行还要面临来自财经评论员的一系列无端指责。

其实笔者的研究就是让人们认识到回调的重要性，因为这些问题必然要解决，而民众在经过几个回合的教育之后，也会慢慢接受这些新概念，不这样的话，经济就会一直会在两个极端之间循环。

夯实经济增长的基础，政府扮演的角色

没有一劳永逸的改革　经济增长实干也重要

在2014年6月的经济工作座谈会上，李克强总理坚定地说："以往的成功经验表明，中国经济是干出来的！这也是我对中国经济的总体信心所在。"

经济发展没有一劳永逸的事情，改革也不会为中国带来一劳永逸。很多人以为只要改革好了，政府就可以做甩手掌柜，社会就自动地发展，这些都是不切实际的想法。

中国共产党第十八次全国代表大会提出政府更好发挥作用是正确的。在经济增长中，政府的作用很大，改革可以促进增长，但真正的增长，还需要政府的规划。

"实干"是经济增长的重要因素

中国发展到现在，很多人将之归功于改革，但更多的是靠实干。中央每届政府都有自己的五年规划，先制定目标，然后按目标来干；在地方，除了五年规划，还有城市竞争。大家只要看看各省的新闻，或是地方的新闻就会感触非常大，越是到地方实干精神越大，中国的地方官员的大部分工作就是围绕项目转，这就是实干精神。中国的很多市长也经常被请到一些财经节目中做客，他们的思维都非常先进，甚至都超过了高级官员，比学术界、媒体界更先进，这些都是在实干中感悟出来的。

中国以前靠实干，以后还要靠实干，改革只能将政府引向更加"实干"的方向，而不是让政府什么都不干，什么都不管。

有人提出“法治市场经济概念”，好像政府除了立法，其他工作是不必要的，这也是一种误导。市场经济法治是必要的，但除了法律之外，制度、政策、规划、宏观调控、必要的市场介入都是必需的，这些都是政府的职责所在，都是政府实干的领域，仅仅依靠法律，社会是不可能正常运转的。

首先看制度。制度和法律不同，制度和政策比法律更重要，法律只是禁止人们做什么，而制度和政策是引导人的作为，调动人的积极性。一个好的制度可以调动起整个社会的积极性，中国的县级竞争，归根到底就是制度的结果，这个制度就是官员的提拔制度和分税制度。另外，为什么德国和北欧发展得那么好，关键是它们有一套完全不同于英美体系的制度，德国奉行“社会国”原则，北欧奉行“合作主义”原则，这都与英美的“自由国”完全不同。

除了法律、制度、政策之外，还需要规划。规划是立足于长远的，也是政府的职责，任何国家都有规划。在西方国家，领导人参加竞选之前，就要向社会介绍自己的施政规划，上台后也要出台很多的规划。比如，奥巴马就出台了很多的规划，历史上的历任美国总统上台后也颁布非常多的规划。

除了法律、制度、政策规划外，宏观调控也是必要的。经济必须稳定，非常小的起伏都是有危害的，而企业家根本无力抗拒市场的起伏，这就需要政府来保持宏观经济的稳定。稳定经济是政府，特别是中央政府非常重要的职责。

再然后，必要的市场干预也是非常重要的。因为市场存在失灵，而且很多领域形不成市场，市场失灵的地方需要国家介入，形不成市场的领域由国企填充。除了市场因素以外，国家有强有弱，保护本国企业也是政府的职责，美国、欧盟都有很好的经验做法都值得中国学习。

现在部分所谓的改革派学者，只见一叶，不见其余。他们不仅违反学理，也脱离实际，他们强调法治是可以理解的，但是他们这种对制度、政策的不重视，或是对宏观调控、市场干预的盲目反对，甚至是妖魔化是违背科学的，是站不住脚的。

中国经济发展一直呈现两个特点：一个是快速，一个是稳定。这是因为中国现在兼有市场和规划的双重优势，如果只保留市场，而去掉规划，那中国的优势将不在，这样的改革不会带来红利，只会出现失利。

腐败并非是必然的

另外还有人拿腐败说事，但腐败是政治问题和社会问题，不是经济问题，要用政治和社会的方法解决，而不是用经济的方法。而根据笔者研究，只有城市化和福利社会才能根治腐败。腐败是发展的问题，只能用更快的发展才能解决，而不是让发展停滞，发展本身就可以抑制腐败。

政府基层人员的腐败只能通过城市化解决，而高层的腐败只能通过社会福利解决。基层腐败的土壤是熟人社会。熟人社会不存在了，基层腐败自然也就消失了，城市化之后，大家都互相不认识，贿赂和受贿难度都增加。而高阶官员的腐败只能靠福利社会解决，也就是笔者曾经提出一个观点“有福利的国家不会腐败”。

腐败严重的都是非福利国家。在北欧、新加坡这些高福利国家，腐败早已难觅踪迹。而做样本研究，确实也能得出这样的结论，一个国家或地区的腐败程度与它的福利程度成反比：福利越高，腐败越低；福利越低，腐败越高。北欧、新加坡是高福利国家，腐败几乎绝迹；德、法是中等福利国家，腐败极少；英、美、日是低福利国家，腐败也有，但不多；亚洲四小龙中的韩国排斥福利，腐败一般严重，而中国和印度福利非常落后，腐败就非常严重。腐败与发展水平、政治制度关系不大，只与一个指标挂钩，那就是福利程度。

福利建设最大的作用就是"改善人的道德"，贪污是犯罪，是巨大的冒险。谁都知道一个人冒险是为了巨大的收益，但很少有人进一步追问"他要那么大的收益做什么？"根本上还是因为他没有安全感，如果一个人有了安全感，就不会再那么冒险。因为这些冒险都是有代价的。福利社会就是为整个社会营造一种安全感，让整个社会不再那么急功近利。

分权、限权、严刑峻法都不是根治之策，中国对贪污的法律也不可谓不重，但仍然腐败严重，归根结底就在于官员缺乏安全感。众多调查表明，官员是幸福感最差的阶层，而且官员的工资也几乎是最低的了，一个刚毕业的大学生在社会上可以收入3000多元，如果是公务员很可能只有1000 ~ 2000元，副部长的工资都不到10 000元。在这样一个缺乏安全感的社会，这些人怎么可能不腐败？

腐败是冒着失去自由的风险去犯罪，治理腐败重要的是断贪念，如果没有贪念了，给他多大的权利都没问题。而构建福利社会，就是让整个社会都充满安全感，让官员凭自己的工资就可以过上非常不错的生活，就可以充分享受生活的快乐，那他为什么还要去冒失去自由的风险呢？

产业压制理论：是什么影响了经济增长

为什么有的国家明明拥有后发优势却增长缓慢，而有的国家却可以迅速崛起？宏观经济管理到底应该遵循什么原则，经济运行到底遵循什么样的规律，这是很多人都在考虑的问题，而对于这一问题，如果不深入研究经济结构问题，而盲目进行抽象的哲学式讨论必然是徒劳无功。

笔者对此进行深入思考的结论是：不同经济部门之间存在着投资压制，经济中各个行业不是“并排前进”的，而是“列队行进”的，有的行业是排头行业，处于整个行业的队首，有的行业处于队中，有的行业处于队尾，队首的排头行业如果不率先发展，那队中和队尾的行业就无从发展。我们将这种位于队首的排头产业对其他产业投资的影响称为“经济压制”。我们进行经济规划和经济管理时必须认识到这一点，而且即使去除不同经济部门之间的这种压制，经济才会更有效率。

比如，棉农和纺织厂的关系。石油公司和炼油厂的关系，这些既不存在竞争，而非合作，也不完全是分工，而是一种连续性关系，是一种上下游关系，这种关系在做制造业企业家那里非常清楚，因为做实业的人都有上下游行业的概念，上游行业如果发展不起来，下游行业就无法发展。比如，没有棉花的话，纺织行业也发展不起来。这就是上下游行业的关系。没有森林的话，木材行业也没法发展。没有钢铁行业的话，什么行业都没有发展；同样，没有塑料行业的话，也几乎什么行业都没法发展。但对这种关系的研究很少进入经济学家的研究视野，特别是没有进入发展经济学家的研究视野。

如果我们以这种关系为研究基础，那传统的发展经济学很多都是错误的，比如“大推动理论”。大推动理论是均衡发展理论中具有代表性的理论，它是英国著名的发展经济学家罗森斯坦·罗丹于1943年提出来的。该理论的核心是在发展中国家或地区对国民经济的各个部门同时进行大规模投资，以促进这些部门的平均增长，从而推动整个国民经济的高速增长和全面发展。当有了我们上面的分析之后，这种理论的错误之处就变得非常明显。

因为政府的精力是有限的，其可调动的资本也是有限的，政府只能将其有限的精力用于做最正确的事，大推动根本就不现实，其次不同的产业部门根本不需要所谓的"大推动"。

另外，根据供给经济学派的见解，经济增长动力的缺乏往往来自政府审批对企业的"抑制"。但根据笔者的进一步分析发现，导致经济供给不足的除了政府审批的抑制外，更多来自由经济内部有机联系所导致的相互压制，而这种压制往往只有依靠"政府之手"才能解除。也就是不仅政府的作为会对经济产生压制，政府的不作为同样也会对经济发展产生压制。从经济压制理论看，政府的不作为对经济发展的负面影响就主要表现为：不及时解除来自经济体系内部的压制。这也正如李克强总理近日指出的那样"不作为的'懒政'也是腐败，反腐既要惩治乱作为，也反对不作为"，政府和市场是经济发展的两支手，"用好两只手、开启双引擎"，都不可偏废。

根据笔者的研究，经济体系内部的压制主要表现为以下几个方面。

上游行业会对下游行业产生压制

为什么房地产对经济的拉动效果那么明显，因为房地产行业是几十个其他行业的上游行业，比如钢筋、水泥、门窗、家具、家电、建筑、广告、媒体等。如果房地产行业不率先发展的话，那其他行业就发展不起来，房地产行业一旦发展起来了，那其他行业也就跟着发展起来了。政府如果想要经济增长，其他下游行业根本不用管，只抓好上游行业就行。

基建行业也是一个拉动性很强的行业，因为基建行业也是典型的上游行业。比如，钢铁、水泥、工程机械、施工、石油、电力等都是其最直接的下游行业。基建不仅能像房地产一样直接拉动一些行业的发展，而且还会间接促进其他很多行业的发展。比如，一个地区道路畅通了，其他所有的行业都可以迅速得到发展。因此，中国这些年将房地产、基建作为经济增长的抓手是正确的。

石油、钢铁就是典型的上游行业，比如，石油可以加工成化纤，是制作服装的主要原料；石油可以加工成化肥，是促进粮食增长的主要原料；石油可以加工成塑料，不仅家用，而且是其他各行各业的原料。钢铁业也是如此，从军事到民用几乎每个行业都离不开钢铁，因此中国在计划经济时代大炼钢铁、大干石油从经济学上看也是有道理的。另外，汽车业、大飞机制造业也是非常典型的上游行业，因为汽车可以带动几十个行业的发展，大飞机可以带动上千个行业的发展，对这种行业的发展不得不重视。

从经济压制的角度分析，上下游行业起码可以给我们两点启示。第一，没有上游行业的率先发展，其他下游行业也就无从发展。比如，没有房地产、基建行业的发展，其相关的几十个下游行业都无法发展。第二，上游行业有必要重点发展，很多上游行业的突破，有时仅仅靠民间是难以完成的，有时候需要靠“举国之力”。比如，我们计划经济时代大炼钢铁、大干石油都是靠举国之力；又如我们改革开放后建设宝钢，几乎用掉了中国所有的外汇储备，靠的也是举国之力。20 世纪 90 年代建设三峡也是靠的举国之力，21 世纪以来，我们重点发展大飞机制造业是靠的国家力量，因此对于落后国家，集中国家力量，解决一些压制经济增长的重大问题是正确抉择。

公共产品不足会对私人产品的供给产生压制

私人产品的供给往往依赖于公共产品的提供，这是因为私人产品的供给是建立在公共产品的基础之上的。公共产品往往位于私人产品的产业链上游，我们可以看下面几个例子。比如公路是公共产品，汽车是私人产品，如果没有足够的道路，汽车行业发展不起来，不仅汽车行业发展不起来，其他所有产业部门也都要受到影响，因为任何行业都需要进行运输，都需要公路，这就是公共投资对私人投资的压制效果。另外，如果城市道路面积不足，到处堵车，市民买车、开车的欲望就会受到压制。中国如果能将现有城市道路的面积扩大一倍，汽车行业就会翻几番。

另外，我们还可以看一个例子：农村公路的革命。农村公路在很多书斋经济学家或是模型经济学家那里，几乎是没什么用的，最多可以看做政府对农民的一种补贴照顾。但根据笔者的考察，其效果远非如此，而且大大超出我们的想象。农村公路对中国经济的影响，用“革命性”一词来形容绝不为过。

根据笔者的考察，农村公路至少在两方面产生了重大影响。一是中国产业转移，中国以前的工业主要集成在沿海，因为沿海出口工业对交通是没什么要求的，生产的产品直接出海，对本国交通的依赖程度很低，况且很多原材料都是通过海路运输来的。而中国产业要内迁，公路就特别重要，而最重要的其实是农村公路，这几年中国农村公路发展非常快，很多在城市周围 10 公里之内的农民就可以通过自行车、摩托车、电动车等自备的交通工具直到工厂，企业家连住宿都不用提供；而在珠三角地区的工厂，宿舍、食堂都是标准配置，但在内地工厂基本上不用这些。而如果没有农村公路的话，工厂不可能招到那么多工人，如果是土路的话，最多辐射周围5公里的人群，而农村公路则可以辐射10公里以上。二是农村公路还带来了农村汽车的发展，一辆汽车几万元，绝大部分农民都负担的起。根据我的观察，中国农村汽车保有量基本不比城市低，甚至比城市还高。中国这几年汽车产业的喷薄式发展很大程度就是来自于农村汽车市场的需求。

另外，互联网是是公共产品，网络游戏、网络新闻、网络视听节目、网络学习、交友、招聘等就是私人产品，没有高速度的互联网产业做基础，其他依赖互联网的行业就发展不起来。比如，3G、4G等移动互联网技术一普及，很多相关产业都发展起来了。举个最直接的例子，一度被认为是夕阳产业的电视业近年又突然走红，就跟移动互联网的发展有关。因为以前很多没时间看电视的人，也没有通过网络来收看电视节目，而电视台又通过向相关网站收版权费来获利，因此电视行业又重新繁荣起来了。从中可见，公共互联网的供给对提高私人网络产品的供给是多么重要。

还有国家电网也是公共产品，而各个火电站、太阳能电站、风能发电站、水电站则是私人产品，没有电网这一公共产品的开放与完善，太阳能行业、风能行业就发展不起来。中国太阳能行业很大，但以前都是用于出口，最开始就是因为国家电网相关政策的不开放和相关技术的不成熟，导致国内需求被压制了，以至于中国的太阳能产品只能走出口一条路。

从公共产品对私人产品的压制，就给我们一个启示，为了使私人产品的供给不受到压制，公共产品应该优先发展，提前发展，为处于其下游的私人产品提供良好的发展基础。

不同经济要素之间会产生压制

影响经济发展的要素有很多，比如，资金、科技、信息、政策、自然资源、劳动力数量及素质、环境、国防、民族团结等。在很多时候，其中一个要素就会对其他要素发挥作用，产生压制，可以看我们下面的分析：

- ◆ 比如，货币紧缩会对整体经济的增长产生全面压制。货币已经是现代市场交易的必要条件，市场上如果货币紧缩、通缩紧缩，那经济增长根本无从谈起，因为现代经济增长，主要来自于企业生产规模的扩张，而企业生产规模的扩张主要靠贷款，如果货币紧缩，贷款价格高升，企业扩张的财务成本就会很高，企业投资就可能无利可图，因此货币紧缩会全面压制经济的发展。中国 2011 ~ 2014 年的经济减速就是典型的由货币紧缩对经济增长的压制所致。
- ◆ 比如，教育及劳动力素质会对其他因素产生压制。在世界上，具备比较优势的国家有很多，但为什么只有中国在改革开放之后能迅速吸引外资发展起制造业呢？这是因为中国有着受过基本教育的工人，中国在计划经济时代就基本消除了文盲，可以为现代化提供很多高素质工人，这就是中国后来制造业发展一个非常重要的原因，而文盲率非常高的印度以及非洲国家等显然具有明显劣势。
- ◆ 比如，宏观经济政策也对经济发展也会产生压制作用。比如很多国家开始发展得很好，但一次错误的经济改革，一次经济发展就使得这些国家一蹶不振，长期停滞，就是经济政策这一要素对经济发展的压制。比如，日本、东南亚、拉美、东欧等国家和地区都在这方面吃过大亏。
- ◆ 比如，民族团结也会对经济发展压制。比如在族群冲突比较压制的国家或地区，很难有经济发展比较的，比如中东、北非、中国的新疆等。

不同经济类别之间会产生压制

比如，投资对消费的压制。投资、消费、出口是经济发展的三驾马车，这三者对经济发展的作用，不同时期、不同阶级也是不同。比如，在发展初期，出口的作用就非常重要，因为当时中国急需要从国外进口先进的机器设备，没有出口做支撑，国家就没有钱进口这些，国家发展就会受到压制，等经济发展到一定程度后，投资就开始变的重要，投资是经济增长的原因，没有投资，就没有经济增长，没有经济增长液就没有消费，因此投资是非常重要的。等中国真正实现经济发达之后，消费将会变得重要。这个阶段，中央提出要充分发挥消费的基础作用、投资的关键作用、出口的支撑作用，三驾马车用词不同，其背后是有经济学道理的。

对于中国，还是更应该考虑投资的问题，因为消费是人的本能，根本无需开发。只要有了商品，人们有了钱，自然就会形成消费；而有商品比有钱更重要，因为产品开发出来了，总会有富人先买；而如果没有产品，那无论穷人还是富人，都不会形成消费，而产品的产生必须考投资，这就是投资对消费的压制。发达国家的产品种类的丰富程度要远远多于发展中国家，所以发达国家消费也发达。

农业、轻工业和重工业也存在着相互压制。一个国家应该先发展农业，再发展轻工业，然后再发展重工业。如果一个国家的人民如果连饭都吃不饱，连衣服都穿不上，也就根本没有能力购买电器和汽车等更高层次的产品。因为农业属于典型的排头行业，有了棉花，棉纺工业自然发展起来；有了粮食，食品工业自然发展起来。但是很多发展中国家往往缺少的就是这些东西。比如，他们粮食都不够吃，食品深加工业自然无法发展；

粮食都不够的前提下，更没有多余的耕地种植棉花，纺织工业自然发展不起来；而食品和纺织是典型的轻工业，如果这两大类的轻工业都发展不起来，那重工业也无法发展。

中国在改革开放后发展的比较好，主要就得益于在改革开放前将发展农业最基础的问题解决了。计划经济时代，中国基本上解决了水利的问题；计划经济时代后期，中国通过与美日改善关系，又引进了大量的化肥生产设备，这才解决了中国人的吃饭问题。

但是一些最基础的重工业还是应该优先发展的，比如钢铁、石油。因为现代农业的发展不仅仅是自身的发展，更依赖于石油、机械等行业的发展。比如，化肥的制造的原料就是石油，没有石油，就没有化肥；没有化肥，就没有农业产量的提高。没有现代农业机械，农业生产力也会受到抑制，中国在计划经济时代，大干农业、水利，发展石油、钢铁的发展思路基本都是正确的，但唯一的缺陷就是没有重点发展化肥产业。

经济压制理论对政府经济管理的启示

- 经济体系内部的这种相互压制，跟政府的政策管制基本没有联系，政府也没有用任何审批制度来压制这些行业的发展。相反，正是因为政府的协助、帮助不够才使这些压制没能及时解除，因而才影响了经济增长的发展，为了去除这些压制，加快经济发展，政府应该科学的参与到经济发展中去，在关键时刻、关键领域，该推一把时推一把。
- 而且这种参与也不需要政府的长期参与，往往只需要一时一地的参与。比如，中国第一个油田成功后，其他的油田政府就不用管了。比如，第一个现代化钢厂建立后，政府也就不会管了。还比如，国家电网对风能、太阳能的支持理顺之后，政府也就不用再管了。政府要管的往往是第一个、第一次，或是最基础的领域。

- 只抓上游行业，下游行业可以放任发展。上游行业发展起来了，下游行业自然就发展起来了，上游行业的数目是有限的，这样政府要做的工作也就有限了，政府就不那么盲目了，也就清晰起来了。房地产行业、修建道路都是上游行业，都应该优先发展。
- 及时解除公共产品、公共政策等对经济发展的压制。政府应该减的是审批，应该增的是服务，这种服务就是公共产品的供给和公共政策的制定，提供公共产品为私人产品的供给打下基础，提供好的公共政策为经济发展保驾护航，都是政府应该做的事情。

去除产业压制是中国经济发展的头等大事。作为后发国家，从来就不缺乏经济动力，但是这种动力不能被某一部门的发展不足所压制，我们必须先发展这些能够对其他部门产生压制的行业，其他行业根本不用管，自然就跟着发展起来了。

比如，高端酒店、景点旅游就属于典型的末端行业。中国从来没有将发展酒店、旅游作为战略决策，但是这些行业都非常红火，因为这些产业部门属于末端，其他产业发展起来了，这些产业自然就起来了，根本就不用管。我反对盲目推崇企业家精神，企业家精神归根结底是人的贪欲，任何国家都会诞生企业家。与其过于强调企业家精神，还不如为企业家创造一个好的投资基础，这个基础由谁创造，还是政府。政府如何创造呢？就是将精力用于去除产业压制，这才是唯物主义的做法。如果不为企业创造投资基础，而盲目鼓吹企业家精神，那是不靠谱的。这也就是正统经济学与奥地利学派的区别。

培育经济增长点：政府如何分配精力

经济主要靠实干，经济增长是干出来的，是一个接一个的项目带动起来的，而要做到生产项目的增加就需要政府培养经济增长的基础。

首先，何为经济增长的基础呢？一方面是对基础设施的完善，一方面是对基础研发的投入，一方面是对新产业增长点的培育等，这些都是基础性的，是需要常抓不懈的。为什么很多国家本来很落后，后发优势非常明显，但就是发展不起来，关键就是政府整天忙于政治争斗，没有时间和精力培育经济增长的基础，经济增长的基础都不具备，何谈增长呢。我们再看美国的案例，全球金融危机之后，美国就特别重视培育新的经济增长点。在信息产业方面，苹果、谷歌业绩强劲；在新能源方面，页岩气、太阳能也日益成熟；新能源汽车也在孕育当中，这些都为美国将来的经济增长奠定了良好的基础。

其次政府要拿出30%的精力来进行宏观政策的调整，经济是有周期的，只要稍有经济常识的人都不会否认这点，经济周期的每个阶段都要实行不同的宏观政策。一般7～8年一个经济周期，这里面又包含四个小周期，因此宏观经济不到两年就得需要进行一次大的调整，当然这里面又需要多次的小调整，比如升息、降息都不是一步到位的，都是一点点增减的。经济本身是非常脆弱的，可以说一点不稳定都不行，如果没有宏观经济政策保驾护航，经济就会像过山车一样大起大落，企业和人民都会苦不堪言。而宏观经济政策制定的不对头，对企业的影响也是非常大的，而外部经济风险很多也是由于内部宏观经济政策没制定好而诱发的。比如日本、东南亚、美国的经济危机等，问题都出在了内部宏观政策的制定上。**宏观经济政策，要做到时时紧盯，灵活把握，有变即调。**

最后，政府要拿出10%的精力用于整体的规划、改革等。这包括税制的调整、审批项目的调整等，也主要是指我们国家所谓改革的内容。因为一个国家的经济发展阶段不同，也需要基础政策进行调整，当然这些调整时间上不急于一天两天，也不急于一年两年，因为国家的发展阶段往往是以5年、10年为周期的，这些在时间上都不紧迫。在中国，主要是根据发展阶段，同时考虑市场经济的完善进行调整；而在西方发达国家，则是根据国家的发展中的新情况进行调整，比如有些西方福利国家实行了几十年都运转的非常好，为什么现在出了新问题呢？因为出现了老龄化，老龄化就是个新问题，西方国家就需要针对这个新问题进行调整，当然老龄化的问题肯定也不是一年两年能解决的。

经济是个生态系统，基础设施是树根

经济生态系统可以比喻为一棵树，基础设施是树根，大型企业是树干，中型企业是树枝，小微企业是树叶。大家都知道树的成长靠光合作用，靠树叶，但却忽略了根和干，没有树根和树干，树叶能单独存在吗？因为真正懂行的人，他们从来不在树叶上做文章，而更多的是为树根浇水和修剪枝干，这样一棵树就自然枝繁叶茂了。搞经济也是一样，要将多的精力用在“为树根浇水和修剪枝干”上，“为树根浇水”就是做好基础设施，“修剪枝干”就是扶持大企业。

基础设施是第一位的，大型企业是最关键的。在任何一个落后的国家，其基础设施肯定是落后的，没有一个国家在拥有了最先进的基础设施后经济还不发达的。中国虽然很注重基础设施建设，但总量还远远不够。大企业其实也非常重要，大企业起着冲锋陷阵的作用，在国际上衡量一个国家经济是否强大的一个非常重要的指标就是企业是否强大。比如，北欧是世界上人均拥有世界500强企业最多的地区，因此北欧也是世界上最富的地区。

再比如韩国这种规模的经济体，世界上有很多，但只有韩国发展起来了，关键就是在韩国起飞时期，其中央政府一直扶持大企业的发展，结果造就一大批世界级的大企业，进而韩国也被这些企业带入了世界先进国家的行列，如果没有了这些大企业，韩国跟其他三流国家不会有什么两样。

在发达国家，国家领导人都非常重视大企业的发展，国家领导人出访，随行的必然是众多大企业的领导人。而小企业一般分为两类：一类是为生活服务的，这类企业，只要经济发展好，人民富有，它们就发展得很好；还有更多的是为大企业做配套服务的，它们的生存主要取决于大企业的兴衰。比如，像波音这种超大型企业往往有几千家小企业为之做配套。同样，像苹果、华为这些大公司也是一样。

其实中国地方政府的招商人员就深谙这个道理，他们一般都是先引进一个大龙头企业，马上就会有一大批小企业自动跟进，道理就是如此。在服装行业中国没有国际级的大企业，所以中国的服装企业只能为国外企业做贴牌订单。中国缺乏像苹果这样的大型电子企业，所以中国的富士康、京东方等只能为人家做加工配套。

世界各国都非常重视大企业，像波音和空客这些大企业的订单往往是靠国家领导人直接出面帮忙拿到，政府也一直将这些订单作为国家博弈的筹码，这早已不是秘密。

中国现在需要的是在世界上处于第一梯队的大企业、超大型企业，只有它们才能带领中国完成转型。也就是中国转型的希望在大企业、超大型企业，而不在统计局的数字平衡上。

目前中国经济转型的提法很大程度上是基于统计局的数字，如果没有这些数字，似乎大家谁也不会提转型，而这些数字背后却包含着很大的统计陷阱，对于数据，如果不知道它的统计过程，那这数据基本上是没多大意义，甚至是毫无意义的。投资过大、中国人不消费、服务业比重过低其实都是统计陷阱的问题。我们简单举两个例子。比如消费问题，在大家的习惯性思维中，买房是属于消费的，也是中国民众最大的消费，但是在做经济统计时，买房就计入投资的，所以就造成了中国投资高、消费低的情况，而如果将买房也统计到消费中，中国的消费数据就不低了，这就是个统计陷阱。

中国服务业比重低也是统计的问题，中国的服务业很多都漏统计。比如中国的上班族一般早上都不做饭，都习惯路边摊上买早餐，仅仅全国上班族的早餐一项就是非常大的数字。还比如大家常见的提供各种服务的路边流动摊贩，大家雇佣保姆，那些没有注册公司的装修人员等，这些都是服务业，而且都是为千家万户提供最普遍服务的服务业。这些都没法统计，如果将这些也统计在内，中国的第三产业服务业数据将大大提高，中国的服务业实质并不低，低的只是统计数据，其实还是统计陷阱的问题。在市场经济条件下，不可能出现多大的经济扭曲，中国谈转型很多是在掉入统计陷阱的同时，又犯了实证主义者最常犯的错误。

中国某些以改革派自称的学者经常将改革看作经济的动力，其实也并非如此。就像上面我们所分析的那样，中国经济的发展还主要靠实干，最核心的就是基础设施和大企业、超大型企业，这两样做好了，中国经济的基础就打好了，中国经济之树木就会根深干壮，也就自然枝繁叶茂了。当下，中国有很多以自由派自居的经济学者荒唐到了连政府修路都反对的程度，这是非常不可取的。

总之，中国经济还需要夯实经济基础，做大经济生态。

有效率的组织是经济增长的关键

经济增长究竟靠的是什么神奇力量？1977 年，美国经济学家诺斯与他的合作者联手出版了《西方世界的兴起》(*The Rise of the Western World*：*A New Economic History*)，他们开门见山地提出了一个不同凡响的观点："有效率的经济组织是经济增长的关键；一个有效率的经济组织在西欧的发展，正是西方兴起的原因所在。"

一般而言，在各种有关经济增长的模型中，制度因素是被排除在外的，即将制度视为已知的、既定的或将制度因素作为外生变量，主要是通过各种物质生产要素的变化去说明生产率的变化和经济增长与否。是不是可以说：当物质生产要素不变时，尤其是技术不变时，生产率就无法提高，经济增长就不能实现了呢？诺斯于 1968 年发表了《1600-1850 年海洋运输生产率变化的原因》一文，文中指出：尽管这一时期海洋运输技术没有大的变化，但由于海洋运输变得更安全和市场经济变得更完全，使得海洋运输生产率大有提高。因此，在技术没有发生变化的情形下，通过制度创新或变迁亦能提高生产率和实现经济增长。

诺斯提出"有效率的经济组织是经济增长的关键"，而经济组织的效率依赖于因制度上的安排而带来的个人收益率向社会收益率的接近。

同为制度经济学家的张五常教授则是从制度经济学的层面对中国发展给出了解释。张五常，在一篇文章中称，"自由学派坐井观天，我们不要误信自由经济学派之见，认为凡是政府主导的投资皆乏善足陈"。他举了浦东的例子，1993 年张五常带弗里德曼到上海浦东一行，跟他解释政府要发展浦东的伟哉大计。当时浦东只有数十家一层高的小商店。弗老之见，是政府主导投资十试九败，浦东的构思不可取也。5 年后弗老再访浦东，不相信眼睛见到的。今天浦东怎样大家知道。在中国，政府主导胜于私人的例子不胜枚举。

张五常接着举了成都的一个案例，位于成都的宽窄巷子与锦里这两个项目，也是张五常认为的成功例子。市政府先成立公司，到银行借钱，从大学聘请文化专家进行设计，出钱收地及建造，完工后把全部物业或店子租出去，交给私人经营，客似云来，几年后这些项目的市值约投资额的3倍。从政府可以节省交易费用的角度衡量，如果一连串的有关项目皆牵涉到征地或地役权的问题，那么由政府整体策划则更为上算了。

张五常从制度经济学的角度给出了解释，那就是政府投资可以比私人投资更有经济效率，因为在好些情况下，政府主导，交易费用较低。牵涉到征用或收购土地，又或者牵涉到地役权，私人往往难于处理。假设政府补偿地价或购买地役权的钱跟私营地产商的差不多，因为交易费用的存在，由政府主导可以节省很多时间。这是中国的经验。

张五常教授还举了反例，他说若干年前亚洲某地建地铁，发现了贪污，停工，地下只有一个洞，没有铁。还有若干年前亚洲某地建高架公路，发现贪污并勒令停工时，地上只有架，没有路。中国呢？发现贪污时是竣工，而且工程一般造得好。换言之，贪污阻碍工程举世皆然，但中国是例外。为何如此不好解释了。

张五常又对民众常说的豆腐渣工程，进行了反驳。他说不能否认，因为种种原因，在中国，政府主导的投资项目的动工与竣工速度快得惊人。这速度在西方是不可思议的。也不能否认，这些快得惊人的项目一般做得好：不要见一些隧道或桥梁倒塌，就以偏概全——每年建造那么多，多得发神经，不幸的事故就不算多了。

那么中国制度有哪些优势呢

1. 井然有序的宏观调控

中国是一党执政、多党合作的社会主义国家。政治的稳定保证了国家领导人可以用最长远的眼光制定国家发展战略，而不计较阶段性指标的得失。我国政府通过全世界最有效率的宏观调控，保证经济发展平稳过渡，每一个经济发展五年计划都有强烈的连续性，避免了头疼医头、脚疼医脚的短视。

我国的各级政府规划中有协作，中央政府承担了企业和地区创新试验的社会保险，大大降低了企业的创业风险。地方政府在扶持产业调整、创造就业和技术创新上扮演了组织者、协调者和催化者的角色。如面对国际金融危机导致我国出口大幅下降的局面，中央政府大力地投入基础设施、高速公路、高速铁路、机场建设等，起到了拉动经济增长的作用，同时缩小了东西部地区的发展差距。

中国宏观调控坚持了社会主义的基本原则，从国家大局出发，始终把有利于解决就业和技术进步放在经济政策的首要位置。比如，我国新兴工业的发展得到地方政府多方面的扶持，传统产业转型和淘汰落后产能的过程也往往在政府引导下有序进行，这样就避免了工人失业、设备废弃、城市凋敝的局面，而且其效率远高于西方发达国家通过法院的破产兼并程序和财政部的注资运作方式。

2. 实事求是的政策制定

马克思指出："社会发展的动力在于劳动分工与科技进步，是生产力带动生产关系的发展。"大到制定改革战略，小到一项政策、办法、意见的实施，我国各级干部从来不是遵从教科书上的理想世界，不会死板地认定一种顶层制度，不搞空想社会主义，同样注意不陷入到空想资本主义中去。我们一定通过试点，经过试验来检验结果是否合乎我国国情，能否促进我国生产力发展。一切实事求是，一切尊重实践。

如我国的经济改革，经过无数次试验，分别开始于工业部门的技术进口和农业部门的激励机制改革（推行家庭承包合同）。价格双轨制延续了大约 30 年，在价格缓慢收敛的条件下实现了国民经济的持续高增长，避免了转型期的震荡，大幅提高了人民的生活水平，储蓄和投资也快速增加。反观东欧地区，盲目推行西方为其打造的“休克疗法”，致使物价飞涨，产业衰退，国家和人民付出了惨重的代价。

如我国在公共投资领域的创新是保留公有土地的所有权，只拍卖其使用权，使公有资产在经济发展过程中不断壮大。如按照西方办法发债、借款或加税，我国经济增长率将会大大下降。

3. 选贤任能的用人机制

干部主要从基层凭政绩升职提拔而来，受到严格的党性教育和纪律监督，一名普通的干部成长为政治局常委，往往需要在多个部门、多个省份有过实践工作经验，受到各种严格的考核。此外，地方政府的竞争和贫富地区干部的轮换，脱产学习和短期培训的结合，也大大提高了干部的见识、视野和实干能力。

从实践效果来看，我国政府五年计划指标的完成率远高于西方政府竞选时许诺选民的指标。我国政府干部的政绩竞争优于西方议会竞选的“许诺竞争”。

西方媒体流行的几种简单说法，意在否定中国崛起给发展中国家带来的新发展模式。这些说法初看似乎抓住中国发展的某些特征，细想却和世界发展的历史经验不符。以下举例言之。

- **其一是廉价劳工论。**似乎中国产品走向世界的唯一优势在中国的劳工成本低，尤其和发达国家相比。所以西方媒体批评中国帮助国际资本剥削中国劳工，主张在中国推行西方式的独立工会，建立西方标准的《劳工法》《最低工资法》《社会保障法》来提高中国的劳工成本，美其名曰拉动中国内需，实质是希望以此降低中国产品的国际竞争力。假如此说成立，则南亚国家（例如印度和孟加拉国）的劳力成本比中国还要低，为什么它们的经济增长率远比中国为低呢？发展中国家的劳工的比较优势说，对发达国家似乎成立，但在发展中国家，都是廉价劳工，就无优势可言。此说只有一得之见。
- **其二是外资推动论。**我们看到，中国沿海地区的技术进步和产业升级，显然与中国吸引外资的成功有关。中国过去20年吸收外资总额在世界排名第一或第二（仅次于美国）。西方媒体又批评中国对资本流动的管制，似乎如果中国采纳西方全面自由化的要求，就更能同时满足中国和西方的经济利益。问题是，比较的标准假如不是吸收外资的总额，而是按人平均的外资，中国外资的地位就远不如美国的盟国。
  - ☆ 历史上吸收最多外资的国家和地区是德国统一后转型时期的东德，其次为匈牙利、波兰和波罗的海三国。由于地理政治的原因，它们获得的外资，以人均规模计算，远远超过二次大战后美国马歇尔计划援助英国的规模。但是东欧转型的10年间，经济下降了一半，战后半个多世纪积累的工业大多破产或被外资兼并。它们的经济发展速度至今远低于中国和东亚。这次金融危机，波罗的海三国、匈牙利和波兰对抗金融危机的能力还不如东亚，原因是它们的国有银行几乎全部都被卖给西方跨国银行。西方发生金融危机，外资银行就将资本抽回母国，顾不上东欧的经济稳定。

☆ 20 世纪 80 年代中国改革之初，没有任何外援，世界银行的贷款要付利息。即使中国加入世贸组织后，外资总额也不到国内投资总额的 5%。外资带进中国的主要是新技术和新管理模式，发展所需的资本主要来自企业、居民和政府的储蓄。城市基础设施的融资方式，主要不靠发债或借款，而是从英国侵占下的中国香港地区学来的出售土地经营权，但保留国家和集体的土地所有权。中国得以避免发展中国家吸收外资的困境，没有过度依赖外资造成的持续外贸逆差。中国长期保持资本与经常项目下的双顺差，才能安然度过此次全球金融危机。这次造成美国金融危机的跨国金融巨头，如高盛、花期、美洲银行等，在中国帮四大国有银行上市，成为世界名列前茅的大银行，却在美国过度投机，制造金融危机。

☆ 显然，资本能否产生积极效果还取决于其他客观条件。可见吸引外资的多少不是经济发展的决定性因素，重要的是如何管理外资。这是中国的经验之一。

◆ **其三是出口拉动论。**西方观察家把中国经济改革的成功归功于美国的市场开放和美国主导的全球化。他们认为一旦美国纠正自己的过度消费，中国经济也将暗淡无光。他们试图以此说化解东亚奇迹之说，由此推理中国也没什么奇迹可言。他们的问题是，假如出口导向经济是经济发展的决定因素，则拉美经济应当比中国更有增长优势。拉丁美洲国家资源丰富，出口可可、牛肉、石油、矿产等大宗产品，符合古典经济学的比较优势理论。阿根廷在 20 世纪 20 年代的生活水平不亚于美国、巴西的人口压力，也远比中国为小。可惜拉美国家的经济增长不如东亚，技术进步尤其缓慢，始终没有摆脱“依赖经济”的困境。比较之下，中国经济并没有陷入依赖经济的陷阱，技术进步超过工业基础和人力资本雄厚的东欧。可惜东欧休克疗法的外贸自由化，导致的是持续贸易逆差而非顺差。

◆ **其四是威权政府论。**西方主流经济学与政治学的内在矛盾，便是关于政府在经济发展中的作用。古典经济学强调“看不见的手”，社会主义的大政府便不可能和西方自由市场经济竞争，然而中国共产党在改革开放中的地位有目共睹。当简单的新古典经济学无法解释中国奇迹或中国反例时，西方政治学的威权政府论便在媒体中大有市场。其中最有影响的论据是“贪污腐化是经济增长的动力”。为什么中国的基础建设速度比西方民主国家快得多？他们的理由是贿赂一个市长要比收买整个市议会便宜得多。西方要和中国平等竞争，必须推动中国政治的议会道路，降低中国的决策速度。

☆ 这一理论的优点是承认西方民主制度在全球竞争中不一定具有优势。但西方媒体把夸大的中国腐败和中国增长联系起来，却是出于对当代世界史的无知。假如专制权威可以保证持续经济增长，则东亚、南亚、拉美，以及二次大战前的西班牙和土耳其，都不乏军事强权和专制政府发展经济的案例。但他们只有暂时的成功，且以牺牲民众的利益为代价。假如你有机会周游世界，你会发现今日中国是最开放竞争的国家，社会秩序比某些发达国家还要安定。中国没有一个领导人有绝对权威，集体决策是邓小平留下的宝贵政治遗产。“三个代表”的原则下，中国共产党广泛吸收社会精英参与执政。中国领导班子的交接也程序化，没有发展中国家常见的军事政变和内战。西方媒体认为中国是威权政府低估了中国政治改革的步伐。

第8章 美国的三大繁荣与中国的反周期操作

凯恩斯主义说的是经济周期

凯恩斯有一句名言："从长远看，人类都会死去。"哈佛大学历史学教授尼尔·弗格森最近在一次演讲的问答环节说，凯恩斯之所以这么说，是因为凯恩斯没有孩子，因此他不太关心后辈的命运。显然这位历史学家太不了解历史了，在凯恩斯的众多著作中，就有一篇《我们儿孙辈的生活前景》的经典文章，怎么能说凯恩斯不关心后辈的情况呢！

弗格森这句恶毒攻击凯恩斯的"无耻之言"在美国也引起了轩然大波，许多经济学家和历史学家都批评他。随后，弗格森公开道歉："我说了一些关于凯恩斯的蠢话。首先，显然没有孩子的人也关心后辈。其次，我忘记了凯恩斯的妻子莉迪亚曾经流产。"

最早拿凯恩斯后代说事的是哈佛大学的经济学家约瑟夫·熊彼特，他在 1946 年的讣告中说，"凯恩斯没有孩子，他的人生哲学本质上是一种短期哲学。"哈耶克 1977 年在接受采访时说："凯恩斯有句名言，长远来看我们都死了，这说明他受制于当前政治上的可能，他停止思考长远来看什么是可欲的。因此我认为他不会产生什么长远的意见。"这些无耻的言论显然不值得一驳，没有后代的经济学家有很多，但他们的思想照样可以长存，比如大家热捧的新制度经济学创始人科斯同样也没有子女，但没有人否定科斯理论的长期价值，另外将"一个经济学家没有孩子"作为攻击工具，这件事情本身就足以说明这些人的人品是值得商榷的。

其实凯恩斯那句话出自他 1923 年的一本书——《货币改革论》，他是在讨论货币的数量理论：一个国家的货币供给的变化会导致价格的相应变化。凯恩斯说，从长远看，这种关系也许是正确的。但是，“长远是对当前事务错误的指导”。凯恩斯紧接着说：“如果在暴风雨季，如果经济学家们只能在暴风雨已经过去、大海恢复平静时，才能告诉我们会有暴风雨，那他们给自己定的任务也太简单、太没用了。‘凯恩斯提出’长期模型不仅回避了困难，而且这些模型很大程度上毫无用处，因为它们不能指导政策制定者如何度过暴风雨季。”

诺贝尔经济学奖得主保罗·克鲁格曼为凯恩斯辩护说：“凯恩斯那句名言的意思是，如果经济学模型不能解释一两年内的情况，只能告诉你很久之后会是什么结果，那么这些模型就是不完备的、可疑的、没有用处的。他要求做出更好的分析，而不是忽视未来。”

另外，还有人从概率的角度来理解，认为世界本质上是个可感知但却又充满不确定性的世界，或者说世界在某个短暂的时期内可以看作是确定的，但从长期来看是不确定的，我们要做的就是在一个不确定的世界中把握住我们所能把握的。凯恩斯有句名言是对这种世界观的最好阐释。

而这些显然或是错误的，或是不准确的。其实凯恩斯这是在说经济周期问题，经济周期就像是四个季节，我们不能因为冬天总要到来就在夏天也穿棉袄，也不能因为夏天总要到来而在冬天就穿上背心，夏天和冬天只不过是四季周期轮回中的两个周期而已，关键问题在于什么季节穿什么衣服。因此，我们不能因为长远趋势而影响了当下的决策。

凯恩斯文章中所说的“暴风雨季”其实就是用来比喻“经济危机”时期的，经济存在周期，现在早已被无数的经济学家所证明，而且也早已成为了“常识”。但在凯恩斯时代之前，人们还并不具备经济周期的观念，制定经济政策时也总是从长远着眼进行分析，这种思考方式当然是错误的。

而再具体一点，其实凯恩斯说的是经济危机时货币政策的问题，从长期看，人类一直受制于“一个国家的货币供给的变化会导致价格的相应变化”的观念，也就是人们从来不敢对货币政策轻易地进行调整，即使经济危机时也是这样。作为一个进步经济学家，凯恩斯主张让人们放弃这些保守观念，大胆地根据经济周期调整货币政策。尽管现在根据经济周期调整货币政策，早已经成为各国通用的做法。但在当时，这样的做法却需要进行启蒙，凯恩斯这句话就是在做启蒙工作。

其实这样的启蒙工作仍然需要做，在经济危机时期放松货币的主张，在懂经济学的人中是没有任何异议的，但在普通大众中，仍然难以接受，这也是很多民粹主义横行的原因所在。也许是人们害怕物价上涨，因此宁可通货紧缩，也不愿放松货币，马克·布莱斯在《紧缩，一种危险思想的历史》中说，紧缩的观点很强大，是因为它让人想起西方传统的道德体系，这种思维像常识一样，很少受到质疑。紧缩包含各种道德格言：不劳则无获，苦难造就品格，节俭是美德。然而科学就是科学，科学有很多看似不符合人类的想法，这时候应该改变的是人类，而非科学，就像地球围绕太阳转动一样，不管你接受不接受，其运行规律不会改变。

经济危机从来不是传说

经济危机和经济周期不同，经济周期不一定导致经济危机，而经济危机一般都跟经济周期有关。经济危机指的是国民经济在一段比较长的时间内不断收缩。自 1825 年英国第一次爆发普遍的经济危机以来，人类从未摆脱过经济危机的冲击。

经济危机的共同点是：商品滞销，利润减少，生产急剧下降，失业大量增加，企业开工不足并大批倒闭，生产力和产品遭到严重的破坏和损失，社会经济陷入瘫痪、混乱和倒退状态。

经济危机不仅造成了社会财富的巨大浪费，对社会生产力造成严重的破坏，也加剧了社会的阶级矛盾，以及发达国家与发展中国家之间的矛盾。马丁·沃夫非常明确地指出，如果全球经济不平衡的状态持续下去的话，我们所见的金融危机还会重现。

1825年，英国第一次发生普遍的生产过剩的经济危机以来，随后发生危机的年份是1836年、1847年、1857年、1866年、1873年、1882年、1890年和1900年。在资本主义自由竞争阶段以及向垄断资本主义阶段过渡时期，差不多每隔10年就要发生一次这样的经济危机。进入20世纪，在1900年危机之后，迄第二次世界大战以前，又发生了1907年、1914年、1921年、1929～1933年、1937～1938年的经济危机，差不多每隔7～8年就发生一次危机。

二战之后，经济危机不仅出现在核心发达国家，发展国家也经常出现，而且影响全世界。最著名的如日本经济危机、亚洲经济危机等。据专家统计，人类历史上一共发生过6次堪称毁灭性灾难的经济危机，它们是：1637年的郁金香狂热（Tulpenmanie，荷兰语）、1720年的南海泡沫（The South Sea Bubble）、1837年的恐慌（The Panic of 1837）、1907年的银行危机（The Bank Panic of 1907）、1929年的大崩溃（The 1929 Crisis）以及1987年的黑色星期一（Black Monday of 1987）。这些大型的经济危机，一般每80～100年发生一次。

因此如何熨平经济周期，避免经济危机成为经济学界研究的热点之一。

国家对经济实行宏观调控是为了应对经济周期，这跟短期主义没有关系，而熨平经济周期才能保证经济的长久增长。

中国反周期的经济操作没有问题

著名经济学家滕泰在其新供给经济学中对中国经济这些年的治理情况进行了总结，他认为现在回顾历次干预的结果后可以发现：事实上，总需求干预之手频繁出击并没有熨平周期，反而从某种程度上放大了经济的颠簸，使经济周期越来越短。每一轮“踩油门”后，都难免遗留下大批过剩产能、银行不良资产和地方政府债务；每一轮“踩刹车”后，又都客观上造成高利贷泛滥、中小企业大批倒闭和股市暴跌。当经济政策的眼光被过多地吸引到总需求和短周期管理方面，就难免造成对供给面和经济深层次改革措施的忽视。

这段话看似对中国经济总结的比较精准，但其实并不客观。虽然中国确实没有完全熨平经济周期，但不能就此认为熨平经济周期的努力是没有效果的，况且人类也不可能完全熨平发生经济周期，反周期措施只能在一定程度上减小经济周期的危害，这也就是为什么发生经济危机时，中国经济受总是损失最小，恢复也最快，而美国或是其他发展中国家做不到这一点。

在滕泰的总结中，“颠簸”一词用得极妙，由于中国经济采取了反周期的调控措施，所以中国经济只是“颠簸”，而不是西方国家那种常见的经济“震荡”，其实是“颠簸”好呢，还是经济“震荡”好呢，当然不言自明。

而且中国经济周期越来越短的说法不客观，因为中国的周期与全球是一致的，中国经济周期产生的根源也没在中国内部，而在外部，全球经济本身就是一体的，世界性的经济危机都会对中国产生冲击，中国本身并没问题，中国经济的周期都是这些外部经济危机对中国扩散的结果。

当经济周期来临时，中国往往都会采取一系列的反周期经济措施，但由于对经济周期的负能量无法准确测量，因此我们从理论上也无法施加与之完全对应的反周期正能量措施。况且西方经济危机的破坏程度也与他们的政府应对经济危机的措施有关，他们应对得力，中国就会少受破坏，他们应对失当，中国受到的破坏就会比较大，这都需要中国进行大概的估测，中间会有一定的误差，这种误差就会造成经济一定的小幅波动。而中国如果不采取措施，那中国经济的震荡可能比西方还要大，就如同台风一样，越到外围风力越大，台风中心反而没有那么大的风力。

在现实中，中国应对经济危机的措施也可能是过量，也可能是量不够，比如 1997 年亚洲经济危机中国就应对的不够好，导致那几年中国经济增长一直不好。而对本次经济危机，中国应对就过量。但应对总比不应对好，而且无论是不足量，还是过量都可以进行二次调节。当量不足时，可以补充一下刺激措施；当量过量时，可以减小一些刺激措施。

而对于反经济周期的后遗症问题，比如地方债务，则不应该是个问题，因为政府不可能总是刺激经济，当经济危机过后，经济转好时，政府就可以取消经济刺激政策，集中财政，用于还债，这本来就是一个完全的经济周期所应该做的事情。

凯恩斯主义没有失败，相反非常成功

凯恩斯的理论被称为“挖坑－填坑”，弗里德曼的理论被称为“直升机撒钱”，但这些都是比喻性描述，都是为了说明经济道理而进行的简化。在现实中，没有任何一个政治家会去挖坑，也没有任何一个央行行长开着直升机去撒钱。大萧条时，罗斯福实行凯恩斯主义的结果是修建了几千个飞机场，几万个体育场，这些一直到现在都使美国公民受益。伯南克实行弗里德曼的货币主义也是购买债券，不会撒钱。

凯恩斯主义在美国从来就没失败过，凯恩斯主义在美国的实践，主要有三大阶段：一个是罗斯福时期，一个战后的艾森豪威尔时期，一个就是克林顿时期。这三个实行凯恩斯主义的时期都成功了，而且都成功的相当辉煌。

罗斯福新政期间美国政府借此修筑了近1000座飞机场、12 000多个运动场、800多座校舍与医院，不仅为工匠、非熟练工人和建筑业创造了就业机会，还给成千上万的失业艺术家提供了形形色色的工作，是迄今为止美国政府承担和执行的最宏大、最成功的救济计划。这一笔钱经过工人的口袋、通过不同渠道和消费，又回到了资本家手中，成为以政府投资刺激私人消费和个人投资的“引动水”。罗斯福上任后经济增长了200%，是非常成功的。罗斯福不仅挽救了美国，也挽救了英国、法国，如果没有凯恩斯主义和罗斯福新政，就没有美国的经济恢复，就不可能在二战时拯救英、法，那现在英、法有可能还是德国殖民地。

艾森豪威尔时期也是成功的，1919年第一次世界大战后，美国远征军总司令潘兴将军下令美国机械化部队从东部的华盛顿出发横跨大陆，开往西岸的旧金山，让美国公众见识一下美军的武器装备。由于当时有些州与州之间的公路不通，致使 62 天才完成行军。参与这次长征的陆军中校艾森豪威尔当时就萌发建设公路的想法。第二次世界大战时，艾森豪威尔出任欧洲盟军统帅，他往往惊叹德军运兵神速。当选总统后，他立即着手绘制美国高速公路建设的蓝图。1956 年通过的《公路法》，规定拨款 330 多亿美元修建一个 42 500 英里的全国超级公路网。联邦政府负担经费的 90%，另外 10% 由各州负担。几十年后，他的憧憬变成了现实，那就是纵横交错、四通八达的州际高速公路网。美国的高速公路网全称是艾森豪威尔州际和国防国家高速公路系统，简称为州际高速公路。在住房和公路建设方面，1954 年美国《住房法》规定为低收入者兴建新住宅 35 000 套。1955 年艾森豪威尔要求建房 14 万套，《住房法》仅提出再建房 45 000 套。随后 5 年的《住房法》都规定要进一步增建住房，还为清除贫民窟拨款，放宽抵押限制等。但这些办法都不足以解决全国性的住房难题，艾森豪威尔时期美国也迎来了经济增长的黄金时代。

克林顿时期的经济政策也是典型的凯恩斯主义，当我们拿着 iPhone 打电话、上网时，当你准备工作打开电脑看到 Windows 欢迎界面时，不知你有没有意识到，这些现象背后都表现出一个你不得不承认的现实：美国是信息经济的龙头老大。这一切，要源于美国克林顿时期的“信息高速公路”战略。1993 年 9 月，克林顿就任美国总统后不久，便正式推出跨世纪的“国家信息基础设施”工程计划。该计划在世界范围内产生了极为广泛的影响，同时，也造就了美国信息经济日后的辉煌。1992 年，克林顿在其竞选文件《复兴美国的设想》中强调指出：“20 世纪 50 年代在全美建立的高速公路网，使美国在以后的 20 年取得了前所未有的发展。为了使美国再度繁荣，就要建设 21 世纪的‘道路’，它将使美国人得到就业机会，将使美国经济高速增长。”这里所说的 21 世纪的“道路”，就是“信息高速公路”，这一计划投资 4000 亿美元将电信光缆铺设到所有家庭用户。克林顿时期也出现了新经济繁荣。

罗斯福为美国人修建的飞机场和体育场，美国人至今还在享用；艾森豪威尔为美国人修建的高速公路网络美国人也至今还在使用；克林顿的信息高速公路计划为美国创新的信息基础设施至今让美国在信息技术领域遥遥领先。奥巴马对美国未来的布局也正在展开，他也是凯恩斯主义者，奥巴马虽然没有直接修建基础设施，但通过财政补贴、支持制造业和新能源企业，这必然为美国创造新的繁荣，美国人现在享受的和未来能享受到的一切都是凯恩斯主义带来的，怎么能说它失败了呢?

在美国历史上凯恩斯主义确实有一段时间没有被采用，这与美国政治有关。凯恩斯主义是民主党的政策主张，共和党一般不会采用，然而美国人现在背负的债务，却没有一个是因为实行凯恩斯主义造成的。总之，在历史上，实行凯恩斯主义的时期都成功了，罗斯福的凯恩斯主义让美国实现了崛起，艾森豪威尔的凯恩斯主义让美国实现了战后繁荣，克林顿的凯恩斯主义让美国达到了国力的顶峰，而这三个凯恩斯主义阶段都没有为国家欠下太多的债务。罗斯福是财政的保守主义者，留下了债务，但不多；艾森豪威尔也是；而克林顿更是因为平衡预算，帮美国还了不少债务而在历史上留下美名；美国留下债务最多的就是里根和小布什两任总统，这两人均没有为美国做过任何值得一提的建设，反而因为军事开支和减税，让美国背负了巨大的债务。里根任内，国家石油价格从 80 多美元降到 20 多美元，跌去了 3/4，经济因此复苏，里根因此捞到了一点名声；小布什就没那么幸运了，赶上了经济危机，成了失败总统，但现在，无论是里根还是小布什都成了美国评价最差的总统。

其实国家欠债有个很大的原因就是经济不繁荣，政府收不到税。在实行凯恩斯主义的时期，经济都比较繁荣，政府的税收也就充足，当然不会欠债；而不实行凯恩斯主义的时期，经济萧条，而政府开支又不能减少，只能欠债，如果再加上减税，那欠债就更多了。

中国搞凯恩斯主义本来成功了，但2010年下半年开始又搞了奥地利学派的紧缩主义，紧缩货币的结果就是，多位知名企业家跳楼或跑路，很多家小企业破产，温州、鄂尔多斯、神木三个中国最富有的城市经济下滑。从2012年开始，又不得不开始稳增长，教训不可谓不惨重，中国应该吸取这次弗里德曼货币主义的教训。

中国不是凯恩斯主义，而是实事求是

在中国，经常有批判凯恩斯主义的言论见诸报端或是学者的论述，但这些言论往往是经不住推敲的，甚至是错误的。

笔者要指出的是，不能一看到中国“改善基础设施”就说成是凯恩斯主义。在凯恩斯主义中，修建基础设施是为了解决产能过剩，而中国修路绝不是为了“多卖点砂石料”，不是为砂石料、钢铁等企业的产能寻找出路。尽管无论是修公路还是修铁路用到的最多的原料就是砂石，但中国的铁路规划、公路规划都是长期规划，都是10年以上的规划，都是为中国的长期可持续发展考虑的，这些规划的出台与经济危机并无多大关系，甚至很多都是在经济危机之前就规划好的，与应对短期经济周期的凯恩斯主义完全不同，而中国制定这些规划的目的是为了让企业家的产品更好地到达消费者那里，是为了让我们的公民更畅快地出行，是为了提高整个国家的经济效率。

政治家做事更多是从实际出发，而绝非奉行什么主义，只有学者才整天“主义来，主义去”。毫无疑问的是，中国的道路交通一直是稀缺产品，一直是中国发展的瓶颈。而修路本身对中国经济的带动是有限度的，道路对经济的带动意义是路修建完成所造成的经济效率改善。中国政府看重的也不仅是修路本身对经济的拉动，而是路建成后对经济发展的意义，因为还没有哪种建设比修建基础设施对提高整个经济的效率更管用。

比如，中国高速公路的修建高峰期是 1998 ~ 2002 年，但是中国经济上一轮的繁荣期则是 2002 ~ 2007 年；比如，现在是高速铁路的修建高峰期，等高铁修建完成后，中国还会出现新一轮的经济繁荣。

如果将中国的经济政策统统贴上凯恩斯主义的标签的话，那中国治理过剩产能，又是哪家的主义呢？凯恩斯主义可从来没有主张过要淘汰落后产能。还是那句话，中国经济治理从来都是从实际出发的，实事求是才是中国政府进行经济治理的信条。

中国部分学者将改善基础设施称为凯恩斯主义，但是改善基础设施仅仅是凯恩斯主义所主张的吗？在发展经济学等其他经济学派中，照样存在大量主张改善基础设施的理论，如果一见到基础设施投资就高呼“凯恩斯主义来了”，那可真是缺乏经济学常识的表现，而中国的所谓凯恩斯主义更多是带有“发展经济学”的因子。

美国繁荣与消费主义无关

迄今为止，美国经济已经被同一块石头绊倒了三次，这块石头就是高消费。美国摔的这三跤分别是：20 世纪二三十年代的经济大萧条、20 世纪 70 年代的经济滞胀以及本次的华尔街金融危机，这几次危机的形式虽然不太一样，但其实质是相同的。

1929 年的经济危机

缝纫机是第一个进入美国家庭的工业革命产品，或说是第一个家庭大件。到 1855 年左右，一台缝纫机要 65 ~ 150 美元，而普通家庭的年收入才 500 美元左右。1856 美国人推出了分销付款销售缝纫机的商业策略，这么简单的想法执行之后，大获成功！这一大件开启了消费信贷的历史。

在私人轿车面世的初期，1899 ~ 1909 年间，每辆车的价格从 1559 美元上升到 1719 美元。而当时一般工人的年收入才 800 美元左右。1913 年，旧金山成立了美国第一家汽车按揭贷款公司，专门向普通大众提供汽车消费贷款，买车者只需付 1/4 的预付款，剩下的分期付。这个行业此后快速发展，1917 年美国有几十家汽车按揭贷款公司；到 1922 年时有近 1000 家；到 1925 年则上升到近 1700 家；1919 年，通用汽车专门为其汽车的销售服务成立自己的汽车按揭贷款公司。

而美国社会对负债消费的态度发生根本性转变，获得普遍认可。主要原因是，这年一位哥伦比亚大学教授出版了两卷研究著作《分期付款销售的经济学》，该著作为借贷消费正名。1927 年后，分期付款消费不再是一件见不得人的事了，而是被社会广泛接受。

到 20 世纪 20 年代末，借贷消费、“先买后付”已普及到美国各种耐用品，甚至非耐用品市场。像通用汽车那种靠“信贷促销”制胜的策略，在各个行业竞争中，正被广泛使用。1910 年，全美国的分期付款消费信贷总额只有 5 亿美元。到 1929 年，已上升到 70 亿美元。到大萧条来临时，美国 70% 左右的新汽车、85% 的家具、75% 的洗碗机、65% 的吸尘器、75% 的收放机都是靠分期付款卖出的。

信贷消费就是饮鸩止渴

透支家庭消费能力

首先，信贷消费大大透支家庭的消费能力，很多家庭负债累累，这样也就将全社会的消费能力置于非常脆弱的境地，经济稍微有些波动，全社会的消费能力就会大幅减低，因此为经济危机埋下了隐患。

虚假的消费能力可能带来企业产能过剩

其次，信贷消费可以带来短期的经济繁荣，这时企业产能大幅扩张，但是这种消费并不能长期维持下去，一旦消费减少，企业的产能过剩就马上暴露出来，因此，20 世纪的大萧条期间产能过剩是明显特征。

信贷消费导致金融系统不稳定

再次，信贷消费将金融机构推向了非常危险的地步，经济出现波动后很容易发生金融机构的倒闭，最后信贷消费占有了大量的储蓄，而这些储蓄本可以用于对企业的投资，导致企业后劲不足，因此信贷消费成了饮鸩止渴的经济发展方式。

20 世纪 70 年代的经济滞胀

20 世纪 70 年代的经济滞胀时期，美国奉行凯恩斯主义的经济政策，凯恩斯主义的理论基础是有效需求不足理论，因此凯恩斯主义想方设法扩大需求，特别是扩大政府的需求。而政府需求可以分为两类，一是政府的投资需求，二是政府的消费需求。在罗斯福时代，政府做了很多植树造林，保持水土等工作，这些经济措施，并非经济学意义上的投资，实际上是为了花钱而花钱，是在扩大消费需求，因此罗斯福时代经济发展也不是太好，而二战以后，美国开始了大规模修建高速公路，高速公路属于投资，可以促进经济的发展，到了70年代，美国政府奉行军事凯恩斯主义，将更多的钱用于与苏联进行军备竞赛，这实际上是扩大政府消费需求，这将美国经济带进了滞胀。

因此我们可以做个简单的总结，那就是政府支出具有两面性，如果政府支出用于投资则可以促进经济的发展，如果政府支出用于消费则会对经济产生伤害。美国的凯恩斯主义先后经历了消费凯恩斯主义、投资凯恩斯主义和军事凯恩斯主义三个阶段，其中只有投资凯恩斯主义才对经济发展有利，而消费凯恩斯主义和军事凯恩斯主义对经济都是有害的。

中国经济的秘诀

樊纲先生在总结中国经济成功的秘诀时说，中国经济的成功是因为创造了真正的“凯恩斯主义世界”，而他所指的“凯恩斯主义世界”是指中国政府对经济繁荣的成功管理，诚然樊纲说的中国政府成功管理繁荣是非常正确的，但这与凯恩斯主义关系并不大，中国政府管理繁荣根据的是微观经济学的供求关系原理，是为了防止产能过剩和原材料紧缺引起通胀，这才是根本，也正如笔者前面所述中国经济治理的原则是实事求是，而非凯恩斯主义。

华尔街金融危机

20世纪90年代以来，美国的高消费就更加明显，房子越来越大，汽车越来越好。华尔街金融危机诱发因素是美国的次级房贷，买房本来就属于消费。

现在的美国可以说是个债务帝国，联邦、各州、企业、居民等都是债务累累，这些债务都是过度消费造成的，比如美国政府这些年没有什么大规模的基础设施建设，而且美国的福利支出也没有增加，反而削减了很多，可奇怪的是美国的联邦和州竟然欠了大量的债务，学者预计2014年美国国债将达到美国GDP的140%，除了政府外，民众也开始高消费，家庭和个人债也是天文数字，据政府经济学家的预测，仅仅是这些国家债务所产生的利息，再加上社保、医保及其他福利所需要的开支，就将消耗美国政府截至2020年的联邦收入总额的80%。可见高消费对于美国经济的影响是长期的，信贷消费的最终结果是导致企业缺乏投资资金。

消费驱动最终导致债务驱动，而债务驱动必然导致金融风险，因此消费危机也往往以金融危机的形式表现出来。

现在中国有一种理论是消费驱动型经济增长理论，此理论在学术上没有任何根据，也没有任何一个学派主张这个理论。而主张此理论的人，只是将美国看作是消费驱动型增长理论的成功案例，并且将日本看作成功转型的案例。但实际的情况是，美国确实是消费型国家，但是美国的高消费并没有推动美国的经济增长，推动经济增长的是信息技术革命，而信息技术革命刚刚停歇，美国经济立马就出现危机。因此，高消费只能对经济产生危害，再说日本的转型也不是成功的，而且应该算是失败的。

现在摆在中国面前的有两条道路。一条是高储蓄、高投资、高增长的发展道路，世界上任何国家的高增长时期都是走的这条道路，比如19世纪前20年的美国，20世纪50年代到80年代的日本，20世纪60年代到90年代的亚洲四小龙。另一条道路是低储蓄、高消费、低增长的发展道路，而一个国家一旦走上了这条道路，经济发展的结果就是经济停滞甚至崩溃。我认为，中国应该选择前者。

总之，美国历史上最重大的三次危机：大萧条、经济滞胀和本次华尔街金融危机。从根本上讲，它们都是“消费危机”，这从事实上驳斥了“消费驱动”谬论。

双引擎背后的经济运行规律

政府市场双引擎

十八大之后，“市场在资源配置中起决定性作用”和“更好发挥政府作用”开始在中央文件中并提，并且中共中央政治局还就此课题进行了第十五次集体学习。习近平总书记在主持学习时强调，准确定位和把握使市场在资源配置中起决定性作用和更好发挥政府作用，必须正确认识市场作用和政府作用的关系，这既是一个重大理论命题，又是一个重大实践命题。

让市场在资源配置中起决定性作用这就是要用好市场这个“无形之手”，而“更好发挥政府作用”其实就是要利用好政府这个“有形之手”。正如李克强总理所讲的，必须用好政府和市场这“两只手”，开启经济增长的“双引擎”。

用好“无形之手”，就是要推动大众创业、万众创新，释放民智民力，增进大众福祉，实现人生价值，推动社会纵向流动，促进社会公平正义。而用好“有形之手”，重点是说要扩大公共产品和公共服务供给，补齐“短板”，政府要加大财政投入，同时加大投融资、价格体制改革，积极动员社会力量参与，深化财税、金融等体制改革，加强市场监管，建立公平竞争环境。

前者着力于创新，意在调动更大范围的市场力量，使市场在资源配置中起决定性作用；后者着眼于服务，意在建立公平竞争的市场环境，更好发挥政府作用。“两只手”到位了，“双引擎”的拉动作用才能充分发挥。

其实在经济学中，一直存在着自由市场主义和干预主义两股力量。两者一直在自说自话，其实两者完全可以打通，也可以对彼此的语言互相进行解释，市场起作用是靠几个市场机制在起作用，而市场失灵同样也是这几个机制的失灵。

- 根据全国科学技术名词审定委员会审定公布的定义，市场机制是通过市场竞争配置资源的方式，即资源在市场上通过自由竞争与自由交换来实现配置的机制，也是价值规律的实现形式。具体而言，它是指市场经济机体内的供求、价格、竞争、风险等要素之间互相联系及作用的机理。市场机制包括供求机制、价格机制、竞争机制、风险机制等一般机制，以及利率机制、汇率机制、工资机制等具体机制，而供求机制、价格机制和竞争机制是整个市场机制的三大核心机制。
- 所谓价格机制，是指在市场运行过程中，市场上某种商品价格的变动与市场上该商品供求关系变动之间的有机联系的运动。它通过市场价格信息来反映供求关系，并调节生产和流通，从而达到资源配置目标。价格机制直接影响生产、流通、消费各环节参与者的利益，并导致他们采取利己的市场策略，引发相应的市场行为决策。
- 供求机制是指通过商品、劳务和各种社会资源的供给和需求的矛盾运动来影响各种生产要素组合的一种机制。供给与需求之间的不平衡状态会引发市场价格的波动，借助价格、市场供给量和需求量等市场信号来调节生产和需求，最终实现供求之间的基本平衡。供求机制通过供求关系的动态变化来帮助生产者、经营者和消费者选择合理的市场行为，从而达到调节生产和消费的方向和规模的目的。
- 竞争机制是指在市场经济中，各经济行为主体之间为着自身的利益而相互展开竞争，由此形成的经济内部的必然联系和影响。它通过价格或非价格手段，按照优胜劣汰的法则来调节市场运行。竞争机制要反映竞争与供求、价格、资源流动等市场活动之间的有机联系。

市场之所以能够发挥“无形之手”的作用，主要就靠这几个机制。

市场失灵的内在机理

市场有效的一面我们都知道，市场失灵的一面其实也经常出现。所谓市场失灵是指完全竞争的市场机制在很多场合下不能导致资源的有效配置，不能达到帕累托最优状态的情形。竞争性市场是有效率的，但如果市场存在垄断、非对称信息、外部性以及公共产品时，市场就会出现失灵，这时价格机制不能起作用或不能起有效作用。

在经济学研究中市场失灵的原因包括三大类十多种情况：

（1）市场势力：主要指过度竞争、不正当竞争、垄断、自然垄断等。

（2）市场残缺：因公共产品、外部性、信息不对称等导致的市场不存在问题。

（3）市场功能不足：主要指分配不公平、经济波动、优值品或劣值品等。

市场势力

◆ 过度竞争指这样一种状态：某个产业由于进入企业过多，已经使许多企业甚至全行业处于低利润甚至是负利润的状态，但是生产要素和企业仍无法从这个行业中退出，使全行业的低利润甚至负利润状态长期地持续下去。过度竞争产生于那些“进入成本”远低于“退出成本”的产业。为维持生存，企业之间不得不频繁地以价格战、资源战、广告战等手段开展竞争。过度竞争不仅导致企业之间的生产专业化分工与协作水平低，各企业均无法获取可观的分工效益，而且引发大、中、小企业之间为争夺资源、原材料和市场开展残酷的白刃战。其结果既浪费了有限的社会资源，也抑制了企业采取集约化的生产方式，削弱了技术创新的动力。长期的过度竞争、难以为继的经营状况不仅会吞噬掉企业的自主创新能力，更会消磨掉企业的创新意志和斗志，这对各企业乃至整个产业的发展是非常不利的。

◆ 不正当竞争。根据我国《反不正当竞争法》的规定，是指“经营者违反本法规定，损害其他经营者的合法权益，扰乱社会经济秩序的行为。”不正当竞争造成市场的混乱，破坏竞争的公平性，使市场失去透明度，使竞争对手的客户不合理流失，广大消费者及用户无法正确选择商品，也限制了其他经营者的交易自由等。由于违法成本低、诉讼成本高、违法取证难、处理周期长以及法律法规不健全所产生的大量执法盲区，再加之国内消费文化对不正当竞争的过分宽容，关系哲学的大行其道，助长了不正当竞争在不少行业和市场领域长期存在。

◆ 垄断也是竞争的一种结果。在现实经济中，由于物质技术条件、人为和法律方面的因素以及地理位置、稀缺资源等自然因素的存在，所以垄断普遍存在。在垄断市场上，由于企业的边际收益与平均收益分离，所以价格高于边际成本。这时，尽管消费者之间仍可以实现有效率的交换，但社会并不能用最低的成本向消费者提供最需要的商品组合。不完全竞争的市场不仅不能使用最低成本的生产方式，而且增加生产还会进一步提高社会的福利水平，从而生产没有达到最优。此外，垄断还可能造成其他的社会成本。例如，完全垄断厂商缺乏降低成本和进行技术革新的动力，从而使社会生产既定的产量时花费了较多的成本；垄断厂商为了获得超额利润而采取寻租行为等。市场效率是以完全自由竞争为前提的，然而当某一行业在产量达到相对较高水平后，就会出现规模收益递增和成本递减问题，这时就会出现垄断。当一个行业被一个或几个企业垄断时，垄断者可能通过限制产量、抬高价格使价格高于其边际成本，获得额外利润，从而使市场失灵。

◆ 自然垄断：某些行业因自然、技术、市场等方面的原因而天然具有垄断的特性。自然垄断的特点规模报酬递增。某些行业具有收益随规模扩大而不断增长的特点，也即具有平均成本递减的特点。如供水、供电、管道煤气、下水道、有线电话等。自然垄断行业存在竞争失灵，独家经营胜过多家竞争。

市场残缺

◆ 信息不充分和不对称。在市场经济条件下，生产者与消费者的生产、销售、购买都属于个人行为，信息本身也成为激烈竞争的对象，而信息不充分和信息不对称也是影响公平竞争的重要因素。信息不对称指交易一方拥有另一方得不到的信息。信息不对称可能影响到市场的形成，使一些为人们所需要的市场难以存在，如贫困保险。

◆ 公共物品。公共物品具有非排他性和（或）非竞争性。由于非排他性，公共物品一旦被生产出来，每一个消费者都可以不支付就获得消费的权利。这就是说，在消费公共物品时，每一个消费者都可以做一个免费乘车者，造成公共物品的市场供给不足。公共物品的非竞争性使得私人供给的社会成本增加，而社会利益得不到发挥。那些在消费上具有非竞争性的产品、公共产品无法由私人按效率产量提供。根据效率原则，零边际成本要求零价格，但零价格无法提供收入来补偿任何固定成本。政府具有提供公共产品的极大潜力。

◆ 外在性。外在性是造成社会估价与社会成本出现差异的另一个重要原因。它是指交易双方的经济行为未经交换而强加于其他方的经济影响。例如，大气污染、噪音以及私人绿化等。从社会的角度来看，施加外部影响的经济当事人的成本不仅包括生产成本，而且包括强加于他人的成本；同样，它的收益不仅包括它收取的因出卖产品而获得的收入，而且包括给他人带来的但又无法收取报酬的好处。但是，按照市场的原则，施加外部影响的经济当事人只会考虑他看到的收益和成本。结果，外部经济效果使得社会估价不等于社会成本，并且完全竞争的市场体系也没有提供一种机制，让交易双方考虑对其他人所施加的经济效果。总起来说，外部性是指经济主体的行为以市场价格以外的方式影响了他人福利的情形。外部性导致资源的无效配置。如汽车尾气的排放，价格机制无法为清新空气的机会成本提供正确的信号。

市场功能缺失

因市场功能不完整而力不能及的经济现象，主要包含以下方面：

1. 分配不公平

市场经济本身无法自动实现经济平等，因而政府有参与公平分配的必要性。分配不公可能损及社会和政局的稳定（尚未证实），经济公平是正义体系的一个重要组成部分。

2. 经济波动

经济波动包含宏观经济稳定、充分就业、物价稳定、国际收支平衡、宏观经济的周期性波动。市场经济缺少协调社会总供求平衡的机制。一般认为，无需动用大量经济资源，政府的稳定政策就能达到良好的效果。

3. 优值品和劣值品

优值品指消费者的评价低于合理评价的产品和服务，如基础教育、高雅艺术等；市场供给通常不足，需要由政府出面提供。劣值品指消费者的评价低于合理评价的产品和服务，如吸烟、吸毒等对劣值品的市场供给往往过量，需要由政府适当加以控制。

在市场经济中，资源配置主要由市场机制或私人部门达成，公共部门起补充作用；公共部门的配置职能矫正竞争的不完善，矫正市场的不完善，矫正竞争的不完善。对垄断厂商的直接干预：拆分、限产、限价等。矫正自然垄断：建立公共企业，按边际成本定价，用一般税弥补相应的收入亏空；在某些场合，市场提供解决信息不对称的有效机制，签订或有契约建立或由市场信息不对称下的策略行为导致并非每种商品都存在完备的或有市场逆向选择道德风险。

解决办法：政府强制措施如社会保险计划、强制购买火灾保险等。

"市场经济"这个词的出现大概也只是冷战的产物，很多冷战学者将资本主义称为市场经济、民主国家，将中国称为指令经济、极权国家，这些都是冷战的产物，而政府和市场要分工明确，这种分工在经济学中是有界定的，也是有共识的，真正的经济学从来就不排斥政府干预。从某种程度上讲，经济学也是一种帮助或是教会政府如何通过适当干预来维持市场稳定运行的学问，政府没必要大包大揽，但该政府干的政府就该大胆干，千万不要受很多伪经济学家的干扰。政府大胆地矫正市场失灵，改善民众福利，维持市场稳定都是分内之事，都是责无旁贷的。

市场经济并非经济学一开始就有的词汇，起码亚当·斯密没用过这个词，李嘉图没用过这个词，马克思没用过这个词，马歇尔在《经济学原理》中也没用过这个词。萨缪尔森也极少用这个词，其实直到现在，一切严谨的经济学家都不用这个词，而中国经济学家虽然频繁运用这个词，但大多数情况下，它完全可以用“经济”这个词代替。

根据观察，“市场经济”这个词年老的经济学家用得多，年轻的几乎不用，不懂经济学的财经评论员喜欢用这个词，但是真正受过经济学正统教育的经济学者几乎不用这个词。

而中国那些卖弄冷战经济学的人从根本上是不为主流所容的，他们也不是为公众服务的，网络上流行的经济学家的骇人语录就充分显示出了人心之向背。

尊重经济规律，而非经济现象

在生活中，反对政府干预的一派有这样一种说辞，那就是“这是经济规律，要尊重经济规律”。但是这些人混淆了经济规律和经济现象的区别，经济现象背后确实有经济规律在起作用，但经济现象和经济规律是完全不同的两个概念，经济现象是经济规律自然支配的结果，我们应该尊重经济规律，但我们绝对不能尊重经济现象。人类发展到现在，相比于工业革命之前，早已是天壤之别，这就是研究自然规律，利用自然规律的结果，而不是尊重自然现象的结果，而对自然现象的过度尊重反而是迷信的根源。

自然现象中的洪水肆虐与社会现象中的经济危机都是现象，并非规律。我们没必要尊重这些现象，反而我们要做的是发现这些现象背后的规律，来改善这些现象，这才是我们应该做的。

以经济危机这种现象来说，经济在运行的过程中确实有起有落，这是自然规律，但是经济起落并不一定就酿成重大的经济危机。正常的经济起落只是表现为景气的正常循环而已，但凡严重的经济危机都并非简单的经济景气循环，这背后都是重大的经济风险或经济泡沫在起作用，只有经济泡沫的破裂或是经济系统性风险的集中爆发才会导致重大的经济危机。

所以经济危机终归是一种现象，根源在于经济泡沫和经济风险，而泡沫和风险是完全可以规避的。经济领域非常隐蔽的风险并不多，大多数风险都是显而易见的，就拿华尔街经济危机来说，金融衍生品的风险也是非常明显的，包括各大投行、美联储的人都是心知肚明的，但是他们或是碍于利益，或是碍于观念对这些风险进行了“视而不见”。

经济领域的泡沫同样也是可以衡量的，任何实物产品都是有价值的。金融产品的基础也是实物，都是可以衡量其价值的，而且金融界也很早就创造出了诸如“市盈率”“市净率”等衡量金融产品价值的工具，可以说人类并不缺乏发现泡沫的工具，进一步说，即使没有这些经济工具，人类对泡沫的感知也是非常明显的。总之，市场对泡沫不是发现不了，而是如何对待泡沫的问题。

经济学中有个词叫“博傻”，它最能形象地描述这种情况，它是博弈和傻瓜两个词的合成，简单来说是傻瓜之间的博弈。指市场参与者在明知股票或其他投资 / 投机产品价格已被高估的情况下，还在买入，寄希望于接下来还会有更“傻”的人以更高的价格接手的市场心理和行为，这是市场的投机，而非市场的判断问题，这才是支撑泡沫存在的根源，而非人们发现不了泡沫。

既然经济风险和经济泡沫都是可发现的，那么人们只要提前对市场进行治理就完全可以避免经济危机，经济危机就可以提前发现并解决。西方国家经常出现经济危机，跟其政治体制有关，西方的政治体制本身就是一种“博傻”。大家都知道经济存在隐患，但只要保证隐患不在自己任内爆发即可，这是西方政客的普遍心态，当时格林斯潘放任经济危险的存在其实也是这种心态在作怪。

在微观经济学中，风险和利润往往成正比，在宏观经济学中也是这样，当经济越是存在风险，越是存在泡沫时，往往越会出现畸形繁荣，而这些繁荣正是多党制下政客们所需要的，他们怎么可能轻易地放弃这种来之不易的繁荣局面呢？他们要做的只是吹嘘这种繁荣，而不是治理这种繁荣。

在中国，之所以几乎没有爆发过经济危机，就是因为中国政府一直在治理繁荣，中国经济只要出现通货膨胀的苗头，政府就会毫不犹豫地收紧货币政策、压缩产能，在西方国家政府是不可能压缩产能的。而中国之所以能避免经济危机不完全在于中国政府处理危机的能力，而在于中国政府不接受虚假繁荣，敢于治理繁荣。

总之，经济现象就是经济现象，经济规律就是经济规律。那些利用我们对经济规律的尊重来误导我们去尊重经济现象的人是错误的，甚至有时候是别有用心的，发现规律、利用规律是科学最基本的精神，经济学作为一门社会科学，其研究方法也是如此。

两种自由主义决定中国命运

市场主义往往与一种思想联系在一起，那就是自由主义。其实在西方自由主义的历史中，影响最大的是两股思潮，分别是起源于文艺复兴的人文自由主义和起源于达尔文生物进化论的达尔文自由主义。

人文自由主义是文艺复兴时期反封建反教会斗争中形成的思想体系、世界观或思想武器，也是这一时期资产阶级进步文学的中心思想。它是指社会价值取向倾向于对人的个性的关怀，注重强调维护人性尊严，提倡宽容，反对暴力，主张自由平等和自我价值体现的一种哲学思潮与世界观。它主张一切以人为本，把人从中世纪的神学枷锁下解放出来。宣扬个性解放，追求现实人生幸福；追求自由平等，反对等级观念；崇尚理性，反对蒙昧。人文主义是文艺复兴的核心思想。

达尔文自由主义是建立在达尔文的社会进化论的基础上的，达尔文的进化论思想第一次把生物学放在完全科学的基础上，它的产生不仅是生物学的伟大革命，也是人类思想史上的伟大革命，具有巨大的哲学意义。

社会达尔文主义是由达尔文的进化论演绎而来的。在达尔文的进化论问世之后，斯宾塞提出了“社会达尔文主义”，认为社会可以和生物有机体相比拟，社会达尔文主义本身并不是一种政治倾向，而是一种社会基模，根据自然界“食物链”现象提出“弱肉强食，物竞天择，适者生存”的观点，并以此解释社会现象。作为一种社会学理论，这种观点无可厚非。然而，把生物学中的遗传、变异、自然选择等概念引进社会学，就未免有些牵强；至于他把生存竞争作为社会发展的规律，则完全混淆了人类社会与自然界的本质差异。

达尔文自由主义这一理论被人用于支持自由放任的资本主义和政治上的保守主义：穷人是生存竞争中的“不适者”，不应予以帮助；在生存竞争中，财富是成功的标志。在对待社会的问题上，社会达尔文主义成为帝国主义和种族主义政策的哲学基础，支持盎格鲁－撒克逊人或雅利安人在文化上和生理上优越的说法。

社会达尔文主义的风行从19世纪一直持续到第二次世界大战，二战后开始势微；而从20世纪80年代后又在美国死灰复燃，美国的保守派经常用社会达尔文主义为放任自由资本主义、社会不平等、种族主义和帝国主义辩护。当前中国也面临着两种自由主义的选择。这两种自由主义的博弈和斗争将决定着中国未来的走向。

西方经济学：从自由市场到机制设计

2012年诺贝尔经济学奖由瑞典皇家科学院诺贝尔奖评审委员会公布，美国经济学家埃尔文·罗斯与罗伊德·沙普利获此殊荣。

而89岁高龄的沙普利在接受AP采访时表示：“我认为我自己是个数学家，但是却在经济学领域得奖。我一辈子都没有上过一堂经济课程。”

罗斯与沙利普是由于其在稳定配置和市场设计实践理论中的卓越成就而成为诺奖得主的。其研究致力于在不考虑传统市场力量——价格因素条件下，如何帮助人与所需配置事务上做出最公平和有效的方法的研究。罗斯则意识到了沙普利的理论和计算可让实践中重要市场的运作方式变得更清晰。

“以前大家多是关注价格导致的市场失灵，希望用价格来引导资源配置，但有时候，问题不在价格而是机制。”两位诺奖大师带给这个危机世界的政策含义是：有很多市场失灵的问题，不能简单都归纳为由价格破坏带来的后果，很多是因为市场存在“不匹配”的摩擦所致。关于配置理论及市场设计实践，他们认为经济学像工程学一样套用公式，这是在挑战经济学殿堂级大师亚当·斯密那只“无形的手”。

亚当·斯密1776年在《国富论》一书中首次提出“无形的手”理论，其认为市场有只“无形的手”，具有自动配置的功能。但随后人们发现，市场仍然存在缺陷，为了使市场最优，需要人为核定市场规则，也需要政府对市场施力做一些配置，而这些人为的行为则是配置理论和市场设计。

市场机制设计就是以“市场机制”为主要对象的机制设计，通过对市场微观机制进行设计，使其市场资源配置结果更符合经济社会发展的内在规律和基本需求。

市场机制设计者需要具有工程师一样的视野，运用包括机制设计理论、实验经济学和计算机工具的多元工具，细致考虑和把握市场细节，以及市场参与者与市场制度的博弈过程，从市场厚度、市场拥塞、市场行为的安全性和简易性等角度分析市场低效和市场失灵问题，进而提出可行的解决方案。

实际上，无论在宏观、中观还是微观，我们似乎都离不开机制设计的经济学智慧。在宏观层次上选择什么样的经济制度是事关资源配置效率的核心问题，而如何通过机制设计来弥补市场经济失灵的外部性，更是各种社会制度不可回避的现实问题。

目前机制设计主要是运用博弈论，它是广义博弈论中的一个分支。博弈论是研究在有游戏规则的情况下，玩游戏的人应该采取怎样的策略才能使自己的利益最大化。而机制设计研究的内容正好相反：怎样设计游戏规则才能使整个系统最优化。

什么是机制设计

机制设计者站在社会的角度首先思考：我们要达到怎样的目的，看到怎样的结果？然后逆向思考：要有怎样的游戏规则才可以在均衡条件下实现这样的目标？

机制设计理论在现代经济学中对社会惯例和市场的分析作出了重大的突破，改变了以前经济学家认为在政府信息不完全的情况下不能优化社会惯例和规章的观点，它对政府政策的制定有很大的影响。该理论使“看不见的手”越来越清晰，并且可以利用市场这只手去实现计划者的目标和计划。

所谓机制设计，就是把研究者置于全能“上帝”的位置，“上帝”的工作是设计出一套有效机制，让双方都能尊重、了解和信任对方，从而保证工作的顺利进行。机制设计理论主要包括两个方面的内容，即信息效率问题和激励相容问题。

信息效率是关于经济机制实现既定社会目标所要求的信息量多少的问题，即机制运行的成本问题。任何一个经济机制的设计和执行都需要信息传递，而信息传递是需要花费成本的，因此，对于制度设计者来说，自然是信息空间的维数越少越好。

现实世界中的信息分散于生产者和消费者之间，他们各自拥有自己的私人信息，因而信息具有不完全特征。在市场竞争机制下，参与者分散决策，依赖于供需信息的交换传递来做出生产和消费决策。

经济机制的激励相容问题，激励相容是赫尔维茨于1972年提出的一个核心概念，其定义为：假定机制设计者有一个经济目标，称为社会目标，这个目标可以是资源的帕累托最优配置、在某种意义下的资源公平配置、个人理性配置、某个经济部门或企业所追求的目标或在其他准则下的配置等；机制设计的任务就是要设置某套机制或规则，在使得每个人追求个人利益的同时，设计者设定的社会目标也能得到实现。在社会经济活动中，通常机制设计者的目标和机制参与者的利益之间不会完全一致，要达到机制设计者的某种目标，就必须对活动参与者给予激励，只有当机制参与者能获得大于其付出代价的利益时，才会遵循该机制的约束和要求，把事情做好；否则，他们就会选择不遵循该机制的约束，或者不把事情做好。因此，建立合理有效的激励机制，对于机制设计者的目标实现，有重要意义。针对激励相容的问题，经济学家也发展了一个基本的理论模型来研究激励机制的设计制定。

在一个经济制度出现问题时，人们总想知道是否还存在着其他更好的经济制度。其实在现实中，经济制度或各种经济机制总是在不断地发生演变，特别在制度创新以及经济、社会制度转型时期更是如此。比如，中国经济机制转型期间的许多问题就不能用标准的新古典经济学来解释。这样我们就需要一个更一般的模型。在机制设计的模型下，不必把经济机制看成是给定的，而是把它看成未知的、可设计的，并且在一定的标准下我们可以比较和研究各种经济机制的好坏。

此外，人们所面临的是一个信息不完全的社会，由于任何人特别是上级部门没有也不可能掌握其他人的所有私人信息，在指导社会经济活动中，会遇到很大的问题。正是由于所有个人信息不可能完全被一个人掌握，人们才希望分散化决策。用激励机制或规则这种间接控制的分散化决策方式来激发人们做设计者（规章制订者）想做的事，或实现设计者想达到的目标。这是经济机制设计理论所要研究的问题。

一般来说，机制设计需要涉及两个方面的问题：一个是信息效率问题，即所制定的机制是否只需较少的信息成本；另一个是机制的激励相容问题，即在所制定的机制下，每个参与者即使制订个人目标，其客观效果是否也能正好达到设计者所要实现的目标。现在大多数经济学家都已经知道，当经济信息不完全并且直接控制不可能或不恰当时，人们需要采用分散化决策的方式来进行资源配置或做出其他的社会经济决策。这样，在制度或规则制定者不可能了解所有个人信息的情况下，他们所要掌握的一个基本原则就是所制定的机制能够给每个参与者一个激励，使参与者在追求个人利益的同时也能达到所制定的目标，这就是所谓的激励机制设计。许多现实和理论问题都可归结为激励机制设计。比如委托－代理问题、契约理论、规章或法规制定、公共财政理论、最优税制设计、行政管理、政治社会制度设计等。

税收与公共投资——中国需警惕“巫毒经济学”

巫毒经济学即将袭击中国

1988年，老布什和里根同台竞选，他高喊“不要相信里根，他兜售的富人与企业减税是巫毒经济学”。当时没人相信老布什的预言，而今天的美国人不得不承受“巫毒经济学”的恶果。所谓“巫毒经济学”，主要是指起源于里根时代的“减税+赤字+借债”的经济政策。而当前美国所承受的国债危机、财政悬崖等一系列问题都来源于此。

加尔布雷斯当年在评论减税时曾说，减税就是让富人吃肉时，穷人也得到一点面包渣，而其实这只是一方面，减税的好处只是一时的，其结果只顾今天，不顾明天。社会文明形态所处层级越高，政府承担的公共服务越多，人们的生活也越来越依赖于公共服务，比如良好的道路、免费的教育、医疗等。因而，服务不减，只减税收，只能是大规模的借债。

当代政府除了常规支出外，其财政收入主要用于扶持新兴产业和社会福利。因而，如果削减的话，也只能是这两个方面，而这方面的削减一般会导致三方面的危害：新兴产业得不到扶持，经济发展没有后劲；贫富分化严重，穷人无钱消费，最终消费不足，产能过剩；财富全部集中在富人手里，投机横行，经济泡沫严重，最终爆发金融危机，宣言减税的基本都是骗子。这种政策之所以被称为“巫毒经济学”，而不仅仅是“毒品经济学”，这是因为尽管它施行的是有毒的经济政策，但是民众仍然像着了魔一样把这些骗子当作英雄一般来欢呼。

美国的历史发展也表明，大减税往往是大危机的前兆，而这种情况其实也并非始于里根。在大萧条之前，美国就施行过这样的政策。当时美国的财政大权，掌握在当时的美国首富梅隆手里，此人历任哈定、柯立芝和胡佛三任总统的财政部长，是美国历史上权力最大的财长，史称“三个总统为他打工”。梅隆在担任财长期间，不停地在做一件事：减税再减税，国会每两年就要制定新税法来满足梅隆的要求。但梅隆减税的结果就是大萧条，而大萧条之前，此人也一度被称为“最成功的部长”“汉密尔顿在世”等，但最终成为一个臭名昭著的部长。

经过大萧条之后，美国人老实了很多年。但随着萧条一代的离世，美国人又好了伤疤忘了疼，20 世纪 80 年代初，“巫毒经济学”又重新流行起来，第一个实行这种政策的是里根，但在小布什任内达到顶峰，这也是老布什没想到的。他曾经痛骂的经济政策，却让自己的儿子发挥到了极致，最终引发了又一个百年一遇的经济危机。

里根上任不久，就提出了减税计划，不久被通过，即《1981 年经济复苏租税法案》，其要点是：①将个人所得税税率不分收入等级，一律在 3 年内减少 25%，第一次减少 10%；②对企业给予加速折旧以减少税负。美国总统小布什上台后，同样作为共和党总统，他开始效仿里根，也将减税作为其经济政策的核心。就职不到 20 天就向国会提出 10 年减税 1.6 万亿美元的计划，主要是降低税率和增加税收减免。这是美国 20 年来最为庞大的减税计划。“9・11”事件后，布什政府加快了减税计划的实行。

然而，减税必然削减公共服务。在美国本来也是有针对穷人的保障房的，但小布什上任后将这方面的资金全部取消，转而采用帮助穷人贷款的方法应对。但穷人信誉较差，又因为他们借到的贷款基本上属于高利贷，最终必然还不起，最终演变成成了“次债危机”，进而引发了世界金融危机。小布什统治下的美国奉行“用穷人高利贷取代国家福利”的经济原则，最终惨败，中国也必须从中吸取教训。

减税所导致的后果，绝不是“借钱－还钱”那么简单，其最恶毒的地方是利息。世界上没有免费的午餐，也没有不带利息的贷款，利息是民众的一个额外负担。里根－小布什减税的最终后果是什么呢？据美国国会预算办公室的最新预测显示，美国需要在未来十年支付 5 万亿美元以上的利息，这是什么概念呢？当经济危机刚爆发时小布什救市也才花了 7000 亿～8000 亿美元。未来十年，美国政府所有收入的 14% 以上将用于支付债务利息。2013 年至 2022 年，美国政府需要支付的利息将超出医疗补助计划支出；它将是社会保障支出的一半；接近美国未来十年国防开支总和。从 2014 年起，净利息支出将超过美国用于教育、交通、能源和国防之外的所有其他可支配项目开支的总和。

如果你对这些空洞的数字没有概念的话，我们可以这样通俗地表述，那就是民众每年将大量的税收交给政府，但无法享受任何公共服务，因为这些钱都被用来还利息了。光干活，没收入是奴隶的特征，美国民众就即将成为这样的债务奴隶，而这还仅仅是利息，还不包含本金，如果包含本金，几百年也还不完。

美国人用“利息支付爆炸”来形容当前的状况，而这些利息又会派生新的借款。未来 10 年，净利息支付将相当于新增债务的 80%。因而可以说美国从债务深渊中走出的希望极其渺茫。

而本次经济危机主要是债务危机。但世界实践证明，一个国家是否欠债不在于这个国家的福利有多高，而在于这个国家是否遵守财政纪律。高福利就要对应高税收，如果又想高福利，又不想高税收，还不想欠债，可世界上哪有那么好的事情！我们可以看看那些真正的北欧福利国家，它们的福利是公认的世界最好，但是这些国家并没用欠债。挪威甚至还有大量的财政盈余。相反的例子，比如美国、日本也欠下了一大堆的债，但是这两个国家根本不是福利国家，总之一个国家只要不遵守最起码的财政纪律，即使是毫无福利，照样可能欠下巨债。

现代社会要求大政府

现代社会实行所谓的“小政府”根本就不可能，因为社会越发展，文明程度越高，需要的公共服务就越多，而这些问题其实就从来没有逃脱经济学家的研究范畴。在制度经济学中，这属于私人财富暴增导致的“公共贫困”问题，可见，早有经济学家对这些问题进行了深入的分析。

现代化导致公共服务需求在增加。汽车在增加，公路就需要增加；垃圾越来越多，清洁工就需要增加；社会竞争越来越激烈，保障防范社会风险的机制就必须越来越完善。如果前者增加，而后者不成比例地增加，就必然会造成社会的紊乱，新制度经济学将这种矛盾总结为：“私人富足和公共污秽。”

也就是私人财富的迅速增长本身就对公共服务提出了更多的要求。没有汽车的年代，我们也没必要修那么多的公路；以农业人口为主的国家显然也不需要城市清洁工。现在人们只想购买私人汽车，却不想为公路建设支付税收，我们只想享受干净的街道、清新的空气，却不想为此支付税收，但这是不可能的。

GDP 高速增长、私人财富剧烈膨胀的年代，本应该公共服务也成比例增长，但在减税这一民粹思潮影响下，教育、环境、交通等公共福利被关注的程度却越来越少。现代人类远没有从公共服务的应用中获得愉快，甚至政府所提供的服务远没有使我们免于烦恼。“我们拥有昂贵的电视机，但学校却破败不堪；我们拥有清洁的私人住房，但街道却肮脏混乱。”我们把精力集中于汽车，却忽略了学校和公园，对私人货物毫不吝啬，而对公共货物的生产却极度克制，这不是通情达理的做法。

由于没有很好的扩充公共服务，我们失去了本该享有的机会，因此，我们必须在私人世界和公共世界之间建立一座桥梁。必须通过有效的政府手段使人们尽量避免个人的过度奢侈消费，而在公共服务上增加合理开支，让社会财富的产生从私人生产转向公共生产，这样人民的生活就会更有意义，并且这应是很长一段时期内的主导任务。

而这就涉及观念的转变，必须在民众中树立“公共产品”的概念，并使之愿意将自己的一部分财富用来生产公共产品。因为除了邮政等少数几个例外，大部分公共服务是不适合收费的，它们是公共产品，必须给一切人使用，这些必须用税收支付。虽然增税一直是一个禁忌的话题，但确实不得不做出的一个决定。社会越发展，需要的公共服务就越多，这是无法逃避的选择。

政府支出不是为公务员开工资，尽管很多人将大政府形容为“雇用更多的公务员”，但这种说法是与事实严重不符的。我们举个简单的例子，公共开支养活的最大的两个群体恐怕就是“教师”和“清洁工”了，随着现代民众接受教育的程度越来越高，教师就得增加，随着城市化程度越来越高，清洁工就得越来越多，而财政供养的这两个最大群体显然不属于我们平时所谓的公务员。

除了公务员、教师、市政清洁等常规支出外，政府的财政收入主要用于扶持新兴产业和社会福利和基础设施建设；因而如果削减的话，也只能是这三个方面。而这三个方面的削减一般会导致三方面的危害：新兴产业得不到扶持，经济发展没有后劲；贫富分化严重，穷人无钱消费，最终消费不足，产能过剩；财富全部集中在富人手里，投机横行，经济泡沫严重，最终爆发金融危机，宣言减税的基本都是骗子。这种政策之所以被称为巫毒经济学，而不仅仅是毒品经济学，这是因为尽管他施行的是有毒的经济政策，但是民众仍然像着了魔一样对这些骗子进行英雄般的欢呼。所谓巫毒经济学，主要是指起源于里根时代的“减税 + 赤字 + 借债”的经济政策，而当前美国所承受的国债危机、财政悬崖等一系列问题都来源于此。

事实证明，“小政府”国家都遭到了失败，而实行“大政府”的都取得了成功。美国政府自 20 世纪 70 年代开始，在应对全球化的决策中走错了方向，它们没有对教育、科技和基础建设加大投资，而是削减政府开支、减少税收。30 年来，美国政府一直在削弱自己在本国经济中的角色，而非提高现代化经济和劳动力所需的必要投资。富人得益于大规模减税，利用财富捆绑了权力，带来了更多的社会不公。

而北欧国家利用高税收资助了高水平的政府服务，成功地营造了经济繁荣、社会公正。这是它们今天全球化经济保持良好状态的关键。对于世界许多国家，尤其是年轻人来说，应该看到这一现实。可惜的是，由于中国青少年接受的都是英语教育，留学都是去欧、美的英语国家，以至于中国至今对北欧模式研究非常有限，我们整天听到的都是对北欧模式的污蔑和诅咒，而很少有人真正对其进行客观分析和评价。北欧模式和美国模式经过 30 多年的竞赛，已经分出高下，中国应该向哪个学习，应该心里有数了。

在这里笔者要提出“社会危机”的概念，中国虽然不面临经济危机，但面临一定的社会危机，而这种社会危机就是由于私人财富暴增的同时，公共服务没有成比例增加造成的，如果说经济危机往往是由

于私人产品供给过剩造成的，那么社会危机往往是因为公共产品供给不足造成的，这种供给不足既包含看得到的公共产品的供给不足，也包含看不到的公共制度的不足，可以统称为“公共贫困”，现在大家常见的食品不安全，公共环境差，社会治安不好，公众道德滑坡等都是社会危机，要解决这些危机就需要加大社会公共产品的供给。

减税在中国还有一个误区。中国应该警惕，中国税收是以企业税为主，主要是“比例税”，具有“自减税”机制，不需要“人为减税”。现代社会的大趋势是，一个国家的文明程度越高，公民生活越依赖于政府的公共服务；社会越发展，公共服务越多，税收从本质上是要不断增长的，但这种增长只会让民众越来越幸福，因此减税根本就不可能。事实也证明，减税的美国等国家失败了，美国成了世界上的抑郁症大国；反而，没有减税的北欧国家却成为世界上最幸福、最快乐的国家。中国应该学习走高税收、高保障的北欧国家道路，而不是美国道路。中国应该结构性地增税，并且避免“税直接加于民”，让有能力承担税收的人和企业承担更多税收，这才是中国应该做的。

税收是维持一个国家的文明程度所必需的代价

人们一直认为高税收会增加人们的痛苦感，其实那些税收最高的国家反而幸福感最高。这是因为高税收可以带来高保障，这样人们可以将更多的时间用于休闲、娱乐和社交，大家也会互相信任、互相照顾，当然幸福度更高，只有高税收和高福利的国家，人们才会轻松拥有以上这些。盖洛普健康组织曾对人们的生活满意度进行了定期调查。根据各国的年度调查报告显示：税率最高的北欧国家的居民是地球上最快乐的人；丹麦一如既往地名列第一，随后是芬兰、荷兰和瑞典；而在低税率的美国，人们反而不快乐。调查显示，大约 25%，也就是 1/4 的美国人患有心理疾病；其中，大约 16%，差不多接近 1/5 的美国人将终生遭受抑郁症的痛苦。跟世界上其他国家相比，这些数字几乎是最高的，是欧洲的 2 倍，美国人每年花费大约 800 亿美元治疗抑郁症，可见，高税率高保障给人带来的是快乐，而低税收低保障带来的只是人们的痛苦。

近年又开始流行一个说法，那就是福利国家让政府欠债，这也不符合现实。福利国家不仅没有欠债，反而是债务水平最低的，高福利国家的债务水平不仅远低于美国、日本，甚至比中国更低，可以说是世界上最低的。比如，瑞典的政府债务占 GDP 的比例约为 30%，财政赤字不超过 1%；而挪威不仅没有赤字，反而用大量的盈余；新加坡也是这样，不仅没有一点的债务，而且每年还向民众分红。

这背后的原因是高福利国家一般经济都非常繁荣，而且非常稳定，加上国内需求旺盛而稳定，经济危机对其基本没有冲击作用，因此政府也没理由欠债。而大家所熟悉的南欧四国，其实他们都不是高福利国家，比如，希腊的福利支出水平都不及欧盟的平均水平，更是远低于高福利的北欧国家。

总之，经过考察和研究之后，我们认为社会对福利的投资不仅不会成为经济的负担，反而会成为经济繁荣的基础，福利社会不仅不会让人变得懒惰，反而会让人变得勤快；福利社会不仅不是经济发达的产物，相反却是最先在落后国家兴起；福利社会不仅不会让政府欠债，反而因为经济的稳定繁荣使政府出现财政盈余；福利国家不仅不会限制自由，反而创造了积极的自由；不仅不会有痛苦感，反而会让公民更轻松和幸福。

自己的钱自己花效率最高吗

在减税方面，还有一个观点颇能迷惑人，他们提出“自己的钱自己花是最有效率的”，虽然这种观点颇能迷惑人，但也是伪科学。比如，某经济学家，前段时间在自己的微博发出了一个典型的哈耶克口吻的微博：“小政府好在哪里？自己的钱自己花是最有效率的。既然如此，为什么要绕圈子交税给政府然后让政府来分发福利？民众给政府这个权力，正是政府规模膨胀、官员腐败的根源。民众越少地依赖政府，要政府做的事越少，政府的规模才会越小，贪腐才会越少。政府包办，推演到极致，就是计划经济。”

这段话看起来很有道理，也非常具有煽动性，被很多平面媒体转载使用，其实哈耶克的很多东西，根本就不用别人来批驳，只要他们自己稍微地睁开眼，看一看现实，就会发现他们的错误。自己的钱自己花真的是最有效率的吗？显然不是。

在市场上一共有三种市场主体，分别是个人、企业和政府。他们各有各的分工，一般个人干效益不如企业干的事情，就会由企业来做；企业干效益不如政府干的事情，就由政府来做。这里面有成本的问题，有效率的问题，也有能力的问题，这几个问题归结起来就是总效益的问题。

我们先看，为什么企业做事情效益要比个人高？我们举个简单的例子，搬家公司为什么会存在呢？如果你时间允许的话，你自己一点点搬，一件件搬也是可以的，但是时间也是有成本的，搬家时的误工费就是成本，雇用车辆也是成本，即使自己开车也要耗油，当把这些成本加起来比请搬家公司的成本还要高时，搬家公司自然就具有了优势，这就是企业的效益要高于个人的案例。市场经济条件下，为什么出现了那么多的企业，就是因为企业办事的效益比个人高。

政府只做裁判员，又做运动员，这是从20世纪80年代撒切尔改革时，流行起来的一个说法，本身就是错误的，不应该被广泛应用。我们可以看看政府的起源。在中国，政府产生于治水；西方的政府产生于战争，其实是国防的需要；如果政府只做裁判员，那将治水和国防都交给民间可能吗？正因为民间完不成了，才诞生了政府。也就是政府之所以诞生，就是因为有民间办不了的事情，政府一诞生就为办事而诞生的。政府一开始就是扮演的运动员的角色。

道路清洁、国防、国家基础设施建设、社会保障体系基本上都是公司干效益比较低的。比如道路清洁，请清洁工的成本不高，但是向路人收费的成本却非常高，路人扔一次垃圾，清洁公司就跑过去收一次垃圾清理费，这是多高的人工成本啊，因此基本上没有任何一个清洁公司愿意干这种事情。

同样，道路也是这样，现在社会修路并不难，但是收费难。如果修路公司，将路全封闭起来，两头设卡，向过路的人收费，也可以，但是成本会非常高，所以没有任何修路公司愿意这么做。现在的收费公路也仅限于高速公路这种收入比较容易的道路，首先高速公路面向的是车辆，收费量比较小，其实高速公路本身就是封闭的。

而对于道路清洁和普通马路，只能让大家先免费享用，然后政府再通过税收支付给相应的公司，这种方式才是效益最高的。同样，国防、治水这些也会遇到因为收费成本过高，而没有一个公司去做的问题，对这类事情只有政府做效益才是最高的。

政府办事为什么会产生高效益呢？首先政府享有规模效益，每个家庭在自家后院留出半亩地进行休闲娱乐也可以，政府修建个大的公共广场也可以，但从效益上说，后者的效益更高。因为政府修建的公共广场利用率更高，休闲娱乐的效果更好，比一家一户修个小广场更省地，这就是规模优势。另外，每个人出门带个垃圾袋，将自己产生的垃圾带回家，然后再自己运到垃圾场也可以，政府建立垃圾桶，然后雇用清洁工也可以，当然后者效果更好，这也是规模优势。

除了规模优势以外，还有批发优势，政府做很多事情，其在采购方面就具有批发优势，当然比个人购买成本更低。政府做事还有专业优势，政府来清洁街道，修建基础设施，建立社会保障可以采用最先进的技术，聚拢最优秀的人才，运用效率最高的设备，这就是专业优势，如果是个人则不具备这种优势。当然政府构建的社保体系，也比“养儿防老”和“存钱养老”效益要高得多。

政府做的事情基本上都是个人和企业做效益更低的事情，这就是政府的优势，是分工的优势，政府也是市场的主体之一。

“自己的钱自己花”是小农思想，不符合市场经济，市场经济讲究的是专业分工。专业人做专业事效率才最高，自己的钱自己花不仅效率不高，很多时候反而效率最低。自己的钱自己花效率最高的情况只适用于自己就能办到事情，其他的事情都不适用。

经济转型怎么办

辨析投资与消费

其实投资和消费并不矛盾，投资本身就是创造消费的过程，而也只有投资才能真正地创造消费。

投资和消费分属于不同的群体，不排斥，也不存在挤出效应，而只有投资才能创造真正的消费。只要回顾一下中国经济的真实情况，就不难发现一点，中国投资比较高的时候，往往是现实消费非常旺盛的时候。

虽然金融危机之后，中国加大了投资，但是这几年却是中国消费最旺盛的年份，中国毫无消费危机之象。金融危机之前，中国每年汽车的消费仅为几百万辆，而2012年中国的汽车消费已经达到了每年2000万辆，2000万辆汽车，这是多大的消费啊。另外，中国的住房消费也是旺盛得不得了，国家限都限不住，如果不限制的话，中国的房子早就卖疯了。

投资是提高劳动生产率的根本手段，政府投资提高的是公共效率、宏观效率，企业投资改善的微观效率。投资跟产能是两码事，投资并非是完全的产能扩张式投资，而且最重要的是效率改善型投资，效率改善型投资并不直接创造产能，而是只提高劳动生产率。比如，高速公路建设、高速铁路建设、城市地铁建设、城际铁路建设、农村公路建设等都是效率改善型投资，都能大幅提高中国经济发展的公共效率，而企业投资也是这样，比如，富士康大量引入机器人，都能大量改善效率，而那种纯产能扩张式的，又一台机器变成两台机器的投资并不是主体。

根据经济学原理，一个人的工资最终取决于这个工人所创造的劳动价值，而这种劳动价值又是由劳动生产率决定的，劳动生产率的提高，最终表现为工资的增长。因而我们以上所说的效率改善型投资都能通过劳动生产率的改善，从而提高总体的工资水平，从而提高消费水平。

这里面的内在逻辑可以表示如下：

效率型投资增加→劳动生产率改善→工人创造价值增加
→工人工资增加→消费水平提高

因为即使不考虑效率型投资，其实所有投资的每一分钱，都可以通过产业链的传递，最终转化为利润和工资，从而变成消费。因为投资的钱无非是购买机器、材料和雇用工人，雇用工人的费用直接转化为了工资，而购买机器和原材料的钱则通过产业链的传递，转化为了上游企业的工资和利润，总之投资的每一笔钱都会最终转化为利润和工资，从而变成消费，即使暂时不转化的，从长期来看也要转化，不用有任何的怀疑和担心。投资和消费就是一个硬币的两面，是同步扩展的，不可能正面扩大时，反面不扩大。

我们平时所说的消费低，只是一个统计陷阱而已，这里指的不是消费的绝对数据，而是消费的占比数据。中国的绝对消费数据每年同比都增加非常快，从来就没有低过，中国消费占比较低，是因为投资和消费的转化之间有个时间差，这个时间差为 0.5 ~ 1 年。比如，某年投资占比稍高，一般第二年就会平衡过来，不会长期下去。

另外，我们也可以从生活经验来判断，投资和消费在现实经济中，分属于不同的部门，投资主要是政府和企业的行为，而消费主要是家庭的行为。大家可以想象一个非常简单的问题，那就是政府修路或你所在企业的投资会减少你的消费吗？肯定不会，政府投资和企业投资都不会用到私人一分钱，企业投资会通过将来的利润补偿，政府投资会通过经济增长后，提高的税收来补偿，公民消费水平的高低只取决于工资的高低，只要工资不降低，消费就不会减少，而政府投资只能让你更好找工作，企业投资只能让订单更多，你更不容易失业，这些对提高工资都是有好处的，都是会促进消费的。

中国消费数据过低，也有一个统计陷阱的问题。住房消费是中国民众最大的消费，而国家统计局在进行统计时，住房支出不计入消费，而是计入投资，这是导致中国消费低的头号原因。中国不是消费低，而是消费的统计数据低，中国的消费统计数据根本就不能真实地反映中国的消费水平。

中国房价越高，中国用于买房的钱就越多，中国的消费数据就越低。如果我国在进行宏观经济统计时能够兼顾国情，将民众的购房支出也当作消费进行统计，那中国的消费数据就会高出很多，或许也就不存在现在人们以为消费率低的问题了。

另外，中国和西方也不能盲目地拿来比较，西方的基础设施已经非常完善，而且经济停滞，投资几乎不存在，所以差不多全部表现为消费，这些消费高无非是投资低的另一面而已，也只是消费占比比较高，而非真正的消费总量高，无非是另一个统计陷阱而已，不值得中国效仿。

中国人不消费的说法何来

近年中国储蓄率大幅上升，其原因并非国外研究者所言的“中国家庭储蓄过快增长”。中国家庭储蓄占 GDP 比重相对稳定，基本保持在 20% 上下，波动不大。与处于同等发展水平的经济体相比，并不算高，因为中国人还需要为其退休生活、子女教育、健康突发状况储备资金，而政府的社会保障也不是一朝一夕可以建设起来的。

学者们将储蓄率与消费率的关系想得太简单了。

现在，人们喜欢将储蓄率和消费率混在一起讨论，好像是高储蓄必然导致低消费。或是低储蓄是因为高消费，并有人将中国消费率低的问题，解释为中国的高储蓄率的原因，而将美国的储蓄率低，解释为其高消费原因。然而，其实事情远远没有那么简单。

在金融不发达的时代，消费率和储蓄率确实存在着一定的联系，因为人们的剩余收入除了进行储蓄，别无选择。消费率与储蓄率存在着负相关关系，也就是消费率低，则储蓄率必然高；消费率高，则储蓄率必然低。

而今天，金融业如此发达，人们的剩余收入，除了用于储蓄，还可以用于购买股票、债券、基金等金融资产，或是住房等实物资产。上面的理论早就不成立了。中国目前的金融业还不够发达，而美国正好相反，属于金融业极度发达。

1. 美国储蓄率低但民众持有有价证券多

美国人虽然储蓄少，但拥有的证券资产多。在中国股市最牛的时候，中国的股民人数也才占到中国总人口的 7%，而美国股民人数一般维持在美国总人口的 50% 左右，而且美国 2/3 的家庭持有有价证券。

比如，一个美国人和一个中国人同时收入 1 万元，假设两人除了日常开支外都剩余了 5000 元，而中国人将这 5000 元存到银行，美国人用这 5000 元买了股票，因此这个中国人的储蓄率为 50%，而这个美国人的储蓄率为 0，事情就是这样的简单。美国人将自己的剩余收入购买了证券资产，而中国人将这些钱存到了银行，这也就是中国人储蓄率高、美国人储蓄率低的最根本原因。而中国绝大多数经济学家，在解释中国的高储蓄和美国的低储蓄时时，都忽略了这一点。

2. 贫富分化也会导致高储蓄

还有一个中国学者们很少提及的问题，那就是中国的贫富分化也是导致中国储蓄率升高的原因。贫富分化使社会财富向富人集中。如果这些财富握在穷人手里，则可以形成消费，而如果掌握在富人手里，那大部分会形成储蓄和投机。

2001 年到 2003 年，中国的经济发展并不快，但是居民储蓄却大幅增长，关键就是那几年我国贫富分化加剧。而近几年居民储蓄一直比较平稳，也并不是我国的贫富分化没有加深，而是近几年中国资产泡沫化为很多富人提供了投资渠道，原来用于储蓄的钱变成了房子或股票。

储蓄永远是富人占大头。曾经有数据表明，在中国，20% 客户在银行的存款占到了中国存款总量的 60%，真正工薪阶层的存款非常少，且以短期存款为主。同样，金融危机后美国的储蓄率开始上升，有学者将其解释为美国人学会了节俭，这种解释也是错误的，原因是金融业不景气，美国富人将自己的收入从证券市场暂时转移到了银行，这才是问题的实质。

因此中国储蓄率高是因为中国金融不发达，美国储蓄率低是因为美国金融太发达。

解释完了储蓄率，我们再看消费率的问题，我们首先来看消费率数据是怎么得出来的？

GDP= 投资 + 消费 + 净出口

消费率低主要是指我国消费在GDP构成中占比较低。目前中国的投资和消费各占GDP的45%，合起来占到GDP的90%，净出口占到GDP的10%，这是中国GDP在金融危机前的结构比例，金融危机时投资占比会有所增大。

因为净出口在中国经济中占比太小，不会对经济产生太大影响。撇开净出口不谈，我们看投资和消费，投资和消费是一个跷跷板的两头，如果要想提高消费占比就必须压低投资占比。

在分析投资率的章节中，我们讲到，中国的高投资率主要是由基础设施和房地产投资拉高的。如果单看企业投资这一部分，中国和西方国家的差距并不大。而在发达国家，基础设施已经修建得非常完善，他们的城市化早已完成，房地产也早已满足了人们的需求，因此他们的投资率就非常低，因而其消费率也就显得高了。况且美国的净出口一直是负数，其消费率就更显得高了。

而我国由于基础设施和房地产投资拉高了投资总占比，而我们的净出口又是正值，这样我们的消费率就必然显得很低。因此，只要我国的投资率和净出口是正常的，那么我国的消费就是正常的，而不应该太在意消费占比的高低。

3. 统计数据造成中国民众不消费的假象

社会上存在着“破解消费难题”的提法，那我们就看看这个消费难题能否破解，在此之前，让我们先看看这个消费难题到底存不存在。

中国银行里的储蓄绝大部分是企业储蓄、政府储蓄和富人储蓄，而非穷人储蓄。但富人是没有消费倾向的，而穷人有消费欲望却没有钱进行消费，因此有人提出将中国人的储蓄变成消费的说法，只可惜这现实中是行不通的。

信贷消费只能透支消费，并不能从总体上提高消费能力，消费能力取决于工作收入，而工作收入从根本上取决于劳动生产率，因此只有劳动生产率这个指标得到改善，居民消费才能真正地旺盛起来。

4. 中国当前经济结构的意义与影响

很多学者认为中国目前这种高投资拉动的经济结构具有不可持续性，甚至有持极端观点的学者曾经预言中国这种高投资的经济结构不可能持续到 2005 年，结果中国的经济不仅走过了 2005 年，还走到了 2010 年，而且越发充满着活力。

笔者认为，中国目前这种经济结构符合经济发展的一般规律，也符合中国国情，不仅不会影响到中国经济的长远增长，而且相反，这种经济结构是中国经济能够实现可持续增长的关键所在。

5. 经济增长靠的是产能扩张

现在人们普遍受到消费驱动经济增长理论的误导，但实际上经济增长最终靠投资。我们要判断一个国家的消费是否抑制了企业的产能扩张，我们只需看一个指标，那就是这个国家的企业有没有投资欲望；而判断一个国家企业的是否存在投资欲望，只要看这个国家是否存在企业融资难；如果一个国家还存在融资难的现象，那就永远不要担心经济增长的问题。

消费驱动经济增长的理论实际来自于凯恩斯的需求不足理论，然而，这一理论也只是一家之言，并不是什么颠扑不破的真理。而且凯恩斯说的是需求不足，而非消费不足，投资和消费都是需求。

6. 只要存在融资难　就不说产能过剩

有一种观点认为，中国人不消费，企业产品就卖不出去，就会造成产能过剩，这种说法也是错误的。还是回到上面的观点，企业产能是否过剩。对此，我们只要看企业的贷款需求即可。因为企业的贷款一般都用于投资，而中国企业的贷款需求非常强烈，也就是中国企业的投资欲望非常强烈，而企业的投资欲望很强烈，那就是说明中国并不存在普遍的产能过剩。因为产能过剩的情况下，企业不可能再进行大规模投资。

中国投资率真的过高吗

现在学术界有一种论调，认为中国的投资率太高，甚至许小年在很早之前，就预言中国的高投资率不可能持续到2005年，当然他的预言没有实现。判断投资率是高还是低，不能简单围绕投资率本身做同比或环比，也不能盲目地与美国或其他国家进行对比，而应结合我国的国情和发展阶段，只要是增长型的经济就必须保持一定的投资率，没有一定的投资率也就没有经济增长。判断投资是否过高要建立自己的标准，笔者认为看中国投资率是否过高应该有两个标准。

首先，根据国家所处的发展阶段。

美国的高速发展阶段是在18世纪末和19世纪初，日本的高速发展阶段是20世纪50年代到80年代，亚洲四小龙的高速发展阶段是20世纪的60年代到90年代。现在，我国的学者，喜欢凡事都拿来与美国进行对比。我们要对比，也应该与上述经济体的高速发展阶段比，而不能与现在的美国对比。

其次，要根据国家的储蓄率情况，在储蓄内投资就是安全的。

宏观经济均衡时要看“储蓄 = 投资”。投资率的高低取决于储蓄率的高低。没有储蓄率做支撑，再低的投资率也不可取；相反，如果有储蓄率支持，再高的投资率也不可怕。一个国家，投资率大于储蓄率，这就需要负债进行投资；而负债总是要偿还的，并且负债也不能超出偿债能力。因此，只有在本国储蓄范围内进行投资，才不会因国际金融市场变化引发债务危机，才有利于经济的持续稳定增长，也才可以避免经济主权的丧失。

在过去的几十年里，拉美国家、东南亚国家、非洲国家都出现了严重的债务危机，甚至演变成了金融危机和经济危机，导致国家陷入债务泥潭不能自拔，关键就是这些国家储蓄率太低，或是投资率超出了储蓄率所致。

高投资才可以保证高增长

任何国家在高速发展期，投资率都比较高。虽然我们没有其他国家在高速发展期的投资率数据，但只要稍微了解一下它们的发展史，就可以大概了解到当时的投资率情况。美国在铁路建设高潮时，几乎以每年 1 万公里的速度推进，甚至创下过 1 年铺 2 万多公里铁轨的纪录。而当时的美国人口也只有几千万，很多铁路都靠外国劳工来修建。如果计算美国当年的投资率，当时的投资率肯定超过 50%。而韩国在 20 世纪 60 年代修建京釜高速公路时，根本没有建设资金，全部由军队完成。由于韩国面积较小，它只要修建一条高速公路也就实现了整个国家的高速公路化，如果计算韩国当时的投资率，肯定也超过 50%。

现实中，中国也应该保持高投资率，特别是政府投资率，中国现在的基础设施仍然非常落后，不仅满足不了当前经济发展的需要，如果将之与我国对基础设施的最终需求比起来，那就差的更多了，我国国土面积与美国差不多，我们可以就铁路和高速公路两个指标，与美国进行一下简单的对比。

到2020年，中国人均铁路里程也才相当于美国的1/16

中国现有铁路8.6万公里，美国现有铁路40万公里，我国目前的铁路总里程只相当于美国的1/5多一点，而人均铁路里程约为美国的1/20。按照中国铁路中长期规划，中国铁路里程到2020年，将达到10万公里。也就是说到2020年，中国铁路里程才相当于美国的1/4，中国人均铁路里程也仅相当于美国的1/16。

30年后，中国高速公路里程仍然不到美国的1/5

目前美国拥有高速公路约10万公里，居世界第一。目前中国高速公路通车总里程仅比美国的1/2多一点，人均高速公路里程约为美国的1/8，按中国高速公路网的规划，中国计划用30年建成8.5万公里高速公路，即使这一目标实现，中国的人均高速公路里程也只有美国的不到1/5。

另外，我国在内河航运、城市地铁、农村公路等方面都严重滞后于经济发展的速度。

基础设施是最大的营商环境

郎咸平教授认为之所以中国出现楼市、股市泡沫，其根本在于中国营商环境的恶化。而笔者认为对于工商业发展来说，最大的环境就是基础设施。基础设施是否完善，能否满足经济的需求，是影响经济效率的最关键因素。目前中国基础设施严重落后，已经阻碍了中国经济效率的提高，我国的铁路运输一票难求，高速公路堵车严重，内河航运效率太低，城市交通拥挤，这些都是中国基础建设投资率过低所致，中国的基础建设投资不是高了，而是低了。

世界上只有高消费才可以导致经济危机。1929年的经济危机如此，本次金融危机的根源也是如此。而由于高投资导致经济危机的情况极少，即使导致了经济危机，那也是因为大举外债进行高投资所致，当年的亚洲四小龙就属于这种情况。而我国则不同，我们的巨额储蓄完全可以支撑我国进行高投资，这是中国最大的优势。

任何国家，即使经济不增长，也需要一定的投资率。比如，基础设施的维修、企业生产设备的更新等。如果要保持经济快速增长，就必须加大投资。一般发展中国家比发达国家投资率高；同一个国家，经济高速发展期要比经济低速发展期投资率要高。

现在有一种很流行的观点，那就是经济增长的消费驱动论。其实这种说法是完全错误的，消费不可能拉动经济增长，经济增长是产能的扩张，而这只有投资才可以做到。比如，基础设施投资可以提供好的人流、物流、信息流等基础环境，而企业生产设备及产品研发投资才可以保证企业产能的扩张，因此经济增长从根本上是取决于投资而非消费。

投资率过高并不一定造成产能过剩

投资分为三种：一是政府的公共投资，基本上不可能造成产能过剩；二是房地产投资，也不制造产能；三是企业投资，这类投资才可以导致产能过剩。

目前，我国的基础设施仍然非常落后。我们的铁路建设落后发达国家 100 年以上；高速公路建设落后发达国家 40 年以上；高速铁路建设也落后日本及欧洲 30 年以上，因此我们保持较高的投资率非常重要。

其实，在上一轮的经济高速增长期（2003 ~ 2008 年）中的 2004 年，中国就出现了投资率过高的问题，当时国家进行了投资大检查，而检查结果是这些新开工项目都是急需项目、都符合国家的产业政策，根本没有压缩的空间，因而中国的投资都属于良性投资。

有批评家认为，中国西部地区不能建那么多的高速公路，但老百姓中有"要致富、先修路"的说法，而且我国西部地区的贫困本身就是由于交通不便所致。如果我们因为西部一时的落后就剥夺了他们修建高速公路的权利，那他们还怎么发展。

一条高速铁路导致英特尔落户中国西部

英特尔公司近年在重庆有巨大投资，而它们之所以将生产基地建在重庆，就是看到了重庆与兰州之间要修一条高速铁路。有了这条高速铁，英特尔公司的电脑芯片就可以通过中国的高铁走陆路运到欧洲，与原先通过空运相比，可以大大节省成本，可见交通对经济的带动作用有多大。

房地产投资造成了中国投资率数据虚高

目前，房地产投资也是造成高投资率的重要原因，而房地产在中国民众的认识中属于消费，但在经济统计中属于投资，民众将自己的收入用于住房消费，却造成了中国的高投资率，这主要统计失真造成的误解。如果只看企业投资，中国的投资率应该与发达国家相当。

发达国家投资率低的原因

现在发达国家，投资率比较低主要有三个原因。首先，它们的基础设施已经非常完善，因此在这方面投资非常少；其次，他们的城市化早已完成，住房也足够用，因此它们在房地产方面的投资也非常的少；再次，发达国家，制造业在经济中比重非常小，占大头的是服务业，而服务业又不需要太多的投资，因此它们的企业投资也比较小。这三者就是发达国家投资率比较低的原因，其中第三者是最重要的原因。而这些与我国的国情截然相反，因此我国部分经济学家通过与发达国家进行简单的投资率对比，就十分草率地得出中国投资率过高的结论是十分幼稚可笑的。

中国真的内需不足吗

大部分中国人并不知道内需与消费的区别，甚至是将内需等同于消费，但这样肯定是错误的。经济学上的内需是指“国内需求”，具体到中国来说，它既包含在中国境内产生的消费需求，也包含在中国境内产生的投资需求。

我们可以举例子。比如，家里买一台彩电是为扩大内需做出了贡献，企业新购买一些机器设备也算是扩大内需，另外政府修几条公路也是在扩大内需；而前面买彩电的行为属于消费，后面企业购买机器设备和政府修公路都属于投资范围，这些合起来都是中国的内需。如果只谈消费，而不谈投资，那不是完整的内需概念。所以金融危机时中国既推出了“家电下乡”“建材下乡”等促进消费的政策，也推出了“四万亿”的扩大投资政策。

内需不足的说法是怎么来的

在中国，“内需不足”这个说法，人人皆知，那这个说法是怎么来的呢？这就是涉及经济学统计的问题，涉及一个经济指标，那就是“出口占 GDP 的比例”。一般情况下，一个国家的出口占 GDP 的比例越大，那这个国家的内需就不足，恰巧中国出口占 GDP 比例较大。近年来，中国的出口占 GDP 的比例一般维持在 40% 左右。

有人一看，“40%”，这么高啊！

于是一些经济学家开始拿这个数据“做文章”了：

首先，他们认为“中国有 40%”的产品用于出口”，那中国出口肯定太多了，于是“出口过高论”产生了。

这不算完，紧接着他们认为，“中国生产的产品 40% 都用于出口，那肯定是中国的内需不足，不然为什么有这么多产品出口呢”，于是“内需不足论”又产生了。

这也不算完，这个数据还可以引申，那就是“中国既然有 40% 的产品”用于出口，那肯定是产能过剩，过剩的产能才用于出口，于是“产能过剩论”也出来了。

这还不算完，这个数据还可以与中国 3 万亿元的外汇储备联系起来进行解释，他们将占 GDP 40% 的出口，解释为中国财富，进而认为“中国每年有 40% 的财富流失到了国外，而换回的只是些花花绿绿的美元钞票；说白了，就是用真正的财富换回了一堆纸”，于是“财富流失论”又产生了。

通过总结，我们可以发现，一个小小的“出口占 GDP 比例”的数据，就可以引起“出口过高论”“内需不足论”“产能过剩论”“财富流失论”四大论调。这四大论调就可以将中国经济舆论搅翻天。

经济数据这个东西，不能全信，同样的数据，从不同的角度理解，可以得出不同甚至是完全相反的结论。那这四大论调真的靠谱吗？我认为是不靠谱！

中国出口总值虚大

分析这四大论调，我们首先要看看出口占 GDP 的比例 40% 的数据是怎么得出来的，这里面包含着两大问题，分别是 GDP 的计算方式和出口总值的计算方式。其实中国出口计算的是“总值”，而 GDP 是计算的“增加值”，将总值与增加值进行比较本身就不科学的。真正的比较应该是将增加值与增加值进行比较。但是在经济统计时，出口商品的增加值计算起来比较困难，也没有这方面的统计数据，而总值的数据则很容易得到，因此人们也就用出口产品的总值与 GDP 进行比较，这样虽然得到数据比较容易，但也容易造成误解。

这种比较早期有意义，因为当时世界经济尚未实现一体化，各国出口商品的全部产业链都在国内。而世界经济一体化后，各国产业分工相当细致，对于一种产品，其全部产业链可能分布在几个国家，此时再采用这样的统计数据就会造成非常大的误解。我国虽然有占国民 40% 的产品用于出口，但这些产品的增加值其实并不多，中国出口产品占我国总产品的比重其实并不大。这是由于我国出口产品并不来自全部的产业链，我们只是产业链的一小部分。比如，中国贴牌生产价值 100 美元的苹果 MP3，中国只赚取 5 美元的组装费，但是计算出口时，会计算为中国出口了 100 美元的产品，这算中国的产能吗？显然不是。

如果觉得中国出口占 GDP 的比例的数据比较高的话，那我们还可以找几个更高的进行比较。比如，新加坡出口占 GDP 的比例一般都在 150% 以上，甚至有的年份超过 200%，我们能因为说新加坡出口过高吗？能说它们内需不足吗？我们能说它们产能过剩吗？我们能说它们财富流失吗？显然不能。我们要分析数据背后的真实情况。

那么中国加工贸易的特点，如果按照增加值来计算的话，那中国出口占 GDP 的比例是多少呢！这方面因为难于统计，也没有现成的数据；但是如果按照增加值来计算，中国“真实的”出口比重立即下降到占 GDP 的 10% 以下，如果再这样看，那中国出口显然就不高了。因此，“出口过大论”根本站不住脚，而由于推导出来的“内需不足论”“产能过剩论”也就站不住脚了。

分析到最后，出口占 GDP 比例过高，只能证明一个结论，那就是中国加工贸易的比重太大。

中国输往美国的工业产品很多都是如 iPod、iPad 这类中国只取其加工费的产品，而美国出口到中国的产品则是大豆、高科技产品等实实在在的产品，表面上是中国大幅顺差，其实很可能是逆差。中国商务部那里数据很多，哪些产品占多大的比例，中国商务部应该组织专家做一个相对确切的数据，这样中美谈判时也就不会那么被动，这样的数据出来后，美国也就不会再要求人民币升值。

出口等同于“财富流失”吗

“财富流失论”与前面三个论调还不同，因为前面三个数据的依据直接就是出口占 GDP 比例，而“财富流失论”还往往与 3 万亿元的外汇储备一起被拿来说事。因为我们必须在此处说明中国外汇储备的来源问题。

中国外汇中有很大一部分来自于外商投资，而另一部分为“热钱”，剩下的才是贸易顺差赚取的外汇。因此，直接将外汇等同于财富流失显然是站不住脚的。

出口是为了平衡进口

以前我们喜欢说中国地大物博，但现在放眼世界，才发现我们在能源、矿产等方面都需要进口。比如，2008 年中国进口铁矿 4.4 亿吨，占中国铁矿石需求的 50% 以上，而 2009 年我国对国外铁矿的依赖度已经达到 75% 左右，铁矿石是我国进行基础设施建设所必需的原材料，而国产矿埋藏深、品位低，基本上很难打破进口矿的垄断局面。

目前我国铁矿石中贫矿占总储量的 98.4%，而巴西矿、澳矿的品位则普遍在 56% ~ 67%。现实情况逼迫我们把贫矿当富矿用。铁矿石只是一个例子，此外，我国的石油进口也即将达到 50%，天然气也需要大量进口，其余铜矿等也需要大量进口。而随着我们经济的增长，这些进口都将大幅度增大，这些进口都需要加大出口才可以平衡掉，不然我国将会出现大幅的贸易逆差。

产能过剩是结构性过剩不能用来反证内需不足

可以预见，在将来我国的出口不仅不能减少，而且还会加大。中国的产能过剩属于结构性过剩，而非整体性过剩。比如，中国在资源、能源以及高科技产品的核心零部件方面都存在严重的产能不足，因此产能过剩这一笼统的说法根本就不能反映中国经济的实质，进一步讲，用产能过剩来反证中国内需不足的观点就更是站不住脚。中国的服装、玩具确实存在产生过剩，但是这些产能过剩靠内需能够解决吗？中国学者太喜欢依靠数据做决策，而这些数据根本就不能真实反映经济的全貌，因此根据数据分析经济的学者所提出非常荒谬的逻辑也就不足为怪了。

扩大内需在中国是老生常谈的问题，将扩大内需作一个反经济危机措施是完全正确的。比如，华尔街金融危机后，中国提出了家电下乡、汽车下乡、摩托车下乡、家电以旧换新、汽车消费税减半等措施，是完全符合时宜的。但要想靠这些措施来实现经济的长期高增长是完全不可能的。

中国经济 90% 靠内需拉动

国民生产总值由三部分构成，即

$$\text{GDP}=\text{投资}+\text{消费}+\text{净出口}$$

在这三部分中，投资和消费都属于内需，目前在中国的 GDP 构成中，投资和消费各占 GDP 的 45% 左右，这两部分合起来占到 GDP 的 90%，也就是我们 GDP 的 90% 都是由内需拉动的，笔者认为这一比例并不算低。

由于净出口在我国 GDP 构成中所占的比例很小，因此也不可能对经济增长产生很强的拉动作用，中国的经济增长从来都是靠内需拉动的。即使在我们出口最迅猛的 2007 年，净出口对我们经济增长的贡献率也没有到过 20%，也就是我国经济增长的 80% 以上是靠内需拉动的，也就是靠我们的投资和消费来拉动的。

消费型国家倾向值得警惕

值得警惕的是，在扩大内需的大背景下，也有人趁机推销“消费驱动型”增长理论，企图将中国变成美国式的高消费国家，这应该引起我们的注意，世界上还没有任何一个国家是靠高消费实现高增长的，而高消费导致经济危机的情况却比比皆是。1929 年的美国经济大萧条，之所以持续那么长时间，就是因为过度消费。而 2008 年爆发的华尔街金融危机，之所以被认为是大萧条以来最大的危机，也是过度消费导致的。

真正的扩大内需应该是建立在民众收入增长和社会贫富差距缩小之上，这才是扩大内需的根本之道，而民众收入增长归根结底需要劳动生产率的提高，贫富差距的缩小则需要完善法律体系，规范各种非法及不道德收入，只有这些做好了，中国的内需才会真正旺盛起来。

投资和消费对于民众区别不大

投资和消费从研究上具有一定的意义，往往高投资意味着经济增长潜力巨大，高消费意味着经济的透支，但是这两样数据对普通民众意义不大。资金无论是用于投资还是用于消费，只要能给民众创造就业就行，特别是投资领域也能创造非常多的就业岗位，在金融危机期间发生了中国从沿海到内地的用工荒，就是中国加大了投资所致。

第12章 中国经济未来十年的发展动力

前面讲通胀时，我们说过，通胀不可避免，发展的问题只能通过发展来解决，用停滞发展，来解决发展中的问题是不对的。更通俗地说，如果感觉钱不够花，只能用赚更多的钱来解决，而不是用不花钱来解决，因为不花钱不是省钱那么简单，而且会耽误事。那么，中国未来靠什么赚钱，靠什么发展呢。

为什么说中国经济要多做“乘法”

宏观经济学是凯恩斯主义诞生后，快速发展起来的一个经济学分支，它在发展过程中，形成了一些非常有用的理论模型，使宏观经济的研究有规律可循，有模式可依，降低了人们分析经济问题的难度。但任何事情都有两面性，如果我们总是按照宏观经济分析的固定套路来研究经济，就会忽略经济中最基础、最本质的东西，而满足于玩弄一些小伎俩，这些东西在短期内也许可以奏效，如果从长期来看，必然会导致一些问题。

经济学家将药品当成了营养品

另外，宏观经济学是在处理经济危机的过程中发展起来的，其诞生就是为了解决危机。宏观经济学对付经济危机还可以，但不可能促进经济增长，中国学者现在最大的问题就在于将宏观经济学的一些主张当成了提升GDP的方法，也就是将药品当成了营养品来吃，但任何宏观经济政策都是“一药三分毒”，长期实行就会扭曲经济结构。

真正的经济增长必须是“质的增长”与“量的增长”的结合，归根结底要靠质的增长，经济发展不是要做加法，而是要做乘法，这种质的增长就是提升劳动生产率，如果用公式进行表示，那就是：

GDP= 劳动生产率 × 劳动人数

提升劳动生产率是经济发展的真谛

由于中国人口多，就业压力大。我们在考虑经济发展时，往往是考虑总量和速度多、考虑劳动生产率少。中国目前的劳动力短缺已经由大学生短缺、技工短缺过渡到了普工短缺的经济阶段，如果再想靠人口红利实现经济增长，已经不可能，因此经济增长必须转变到对劳动生产率的改善上。

我们在制定经济战略时，先后有过比较优势战略、经济增长方式转变、新型工业化道路、自主创新、战略新兴产业、信息化带动工业化等提法，但中国就是很少提到劳动生产率。而经济的增长归根结底是劳动生产率的提升，我们必须将提升劳动生产率上升到国家战略的高度，劳动生产率是经济之本，其余全是末，如果从其他的方面抓经济，都是舍本求末。

提高劳动生存率有两类方法，一类是靠提高工人的劳动时间和加大工人的劳动强度，另一类是靠提高机械化与自动化水平。目前，中国采取的都是第一类方法，比如中国煤矿事故频发和富士康事件都是此原因。

中国转变经济增长方式就应该从靠“提高劳动时间和劳动强度”来提高劳动生产率，转变到依靠“提高生产的机械化水平和自动化水平”提高劳动生产率，这才是真正的转变经济增长方式。

制造业也需要大学生

笔者不赞同某知名学者的"产业链理论"对大学生失业的解释，他认为中国应该发展除制造外的其他产业环节才可以提高大学生就业水平。笔者认为其他产业环节对大学生的需求也不是那么多，比如，订单处理、物流运输、批发、零售等环节都不需要太多的大学生，中国大学生就业的出路仍然在制造环节，制造环节不是不需要大学生，而是中国现在这种手工式制造业不需要大学生，如果中国制造转向自动化制造、高科技制造也是需要大学生的。比如，日本制造、德国制造都为大学生提供了很多的就业岗位，这才是中国解决大学生就业的根本。

为什么中国人勤劳而不富有

根据国际劳工组织的报告显示，美国是世界上劳动生产率最高的国家，美国劳动力年平均创造财富 6.38 万美元，其次是爱尔兰劳动力年平均创造财富 5.59 万美元，卢森堡劳动力年平均创造财富 5.56 万美元，比利时劳动力年平均创造财富 5.52 万美元，法国劳动力年平均创造财富 5.4 万美元. 中国工业劳动力年均创造财富 1.26 万美元。

因为中国劳动生产率太低，所以相同的劳动时间内创造的价值就低，而创造的价值低，收入就低，这就是中国人勤劳而不富有的根本原因。现在人们只谈分配问题，而不谈这一根本问题，是没有抓住事情的本质，分配不是不重要，而是分配均不均只能使收入在小范围内浮动，而劳动生产率的改善则可以使劳动者收入发生翻番式的增长。中国与发达国家的工资相差几十倍，这些问题用分配根本解决不了，只有通过劳动生产率的大幅改善来实现，我们看问题一定要有大视野。

提高劳动生存率是“创富于民”之本

现在大家提的最多的是“藏富于民”，但是笔者不愿用这个词，因为这个词已经被“异化”，各色人等都在用这个词，但他们所指的都不一样。笔者主张“创富于民”和“均富于民”，只有提高劳动生产率，提高劳动者在单位时间内创造财富的价值，才可以从根本上提高劳动者的收入，这才是真正的“创富于民”，至于“均富于民”的问题，笔者在后面的章节中将进行详述。

尽快建立劳动生产率统计体系

笔者认为中国应该放弃在投资、消费及出口的平衡中寻求经济增长的发展思路，全面回归以提高劳动生产率为目标的经济发展思路上，而要做到这些，最首要的就是要建立中国的工业劳动生产率数据，并定期公布。而在美国这样的数据是定期公布的，中国目前连相应的统计体系都没有。

传统产业仍是一座可以充分发掘的富矿

没有传统产业，只有传统产品。传统产业仍然是一座可以进行充分挖掘的富矿，当中国提出自主创新的发展战略后，对新兴行业已经足够重视，而对传统行业改造升级的重视程度则略显不足。

技术改造四两拨千斤

改革开放以来，中国工业快速发展，总体规模跃居世界前列，但大而不强，总体上还处于工业化中期。技术改造是工业化的一项重要任务，技术改造具有技术新、投资省、周期短、见效快、效益好的特点，技术改造的投资乘数效应大，杠杆作用显著，能快速形成新的经济增长点，促进经济增长。美国里根时期对付经济滞胀就是用的技术改造这一招。应对亚洲金融危机时，中国也用 355 亿元中央财政贴息资金引导企业技术改造，带动社会投资 4400 亿元，起到了“四两拨千斤”的作用，为中国克服亚洲金融危机的影响发挥了积极作用。

中国 80% 的产业是传统产业

在中国，传统行业占比非常大。如果以改革开放开始实行的 1978 年为对比时间点，中国至少有 70% 的 GDP 来自传统产业；如果我们以 2000 年为对比时间点，那么至少 85% 的产业属于所谓的传统产业；中国政府规划到 2020 年，六大新兴战略产业的产值要占到中国 GDP 的 20%。如果从另一角度进行解读这样数据，即 10 年后传统产业占中国 GDP 的比重仍然高达 80%。如果将能将这些产业改造升级，将对中国的经济增长起到不可估量的作用，传统产业仍然是一块可以充分发掘的富矿。

实现国家发达很容易

GDP 的增长归根结底要靠劳动生产率的提升，中国目前的人均 GDP 为 4000 美元左右，我们只要将现在的劳动生产率整体提升 5 倍，就可以达到人均 GDP 2 万美元的中等发达国家水平。而将中国现在的劳动生产率提高 5 倍，从技术上并不存在障碍。

中国大部分产业都存在大幅提升劳动生产率的潜力，新兴产业的增长主要依靠产品创新，而传统行业更多是靠技术改造。中国 70% 的企业没有创新活动，也不需要创新活动，其实真正需要创新的是少数企业，某空调品牌属于世界名牌，但做的更多的是组装，而世界知名的某电脑品牌，配件大部分依赖外部供给，那些“螺丝刀工厂”横行的行业，是没有太多核心技术存在的。

在对传统行业进行技术改造的时候，一定要立足于劳动生产率的提高，中国在劳动生产率方面与发达国家还有相当的距离，我们很多行业的机械化水平都非常欠缺，更不用说自动化了。比如，中国的煤炭行业矿难不断，归根到底还是机械化采煤的水平太低，机械化采煤既可以大量减少用工量，也可以更好的保证安全。

另外，中国在技术改造方面资金投入严重不足，2009 年国家仅安排技改资金 200 亿元，而用于中小企业改造的资金只有 30 亿元，这还差得太多。今后，中国应该加大在企业技术改造方面的投入，持续改善企业的机械化和自动化水平，才可持续提升劳动生产率，从而从根本上促进经济的增长。

中国经济增长靠什么

持续提升劳动生产率才是经济发展之本

既然经济如此复杂和捉摸不定，那我们的政治家们该如何进行选择呢？在制定经济政策时，是否有存在这样一个指标，只要抓住它，就永远错不了？只要对这个指标进行持续的改善，经济就一定健康快速的向前发展？我认为这个指标是存在的，它就是劳动生产率。

劳动生产率是个经济指标，而持续性的提升劳动生产率则可以当做一个战略性原则进行把握。在各种指标中，还没有任何一个指标可以像劳动生产率这个指标那样能够直达经济的本质。

提升劳动生产率有很多的方法，但归根结底就是两样：机械化和自动化，机械化大生产带来的威力人们早已经有了切身的感受，但自动化生产在中国应用得还不是那么广泛。

现在有一种论调在中国非常流行，那就是“国际产业链剥削论”。比如，我们中国的玩具、纺织、消费电子等行业饱受国际产业链的剥削，中国不掌握采购、销售、物流、设计等环节，而中国消费电子产品的大部分关键零部件都需要从日本、美国等地区进口。

而国际产业链的剥削是容易察觉的，因为这些产品都与我们的生活密切相关，而且国家也开始重视这方面的问题。但是还有另一类的企业它们已经攻进了我们的国家的内部，除了一些专业人士外，别人对它们几乎是毫无了解，基本是“闷声发大财”。

近年来中国开展了一系列的国字号大工程，比如三峡水电站、青藏铁路、西电东输、南水北调、奥运场馆、世博场馆等，而这里面的大订单基本都被国外企业所垄断。北京十大建筑的楼宇自动化系统竟然没有一家是中国公司提供的，这类企业就是自动化企业，现在任何行业都离不开自动化，而中国的自动化企业还非常落后，外国企业进入中国就犹如进入无人之境。

现在中国确实取得了非常大的发展，西方的媒体和普通民众也开始对我们刮目相看。但西方的普通民众是很容易征服的，因为他们只看中国的数字漂不漂亮，但现在西方的精英并不重视中国。比如，美国的经济学家、日本的工程师等，这些人才是他们所在国家的精英，我们要征服的也是这些人，而这些人只关心一个经济指标，那就是劳动生产率。

中国实现收入倍增靠什么

我们现在谈国民收入倍增计划，大家只是从字眼上进行理解，好像只是收入的倍增，其实国民收入倍增计划对国家的意义何止是收入的倍增，它是一个全方位的社会变革，对国家来说是脱胎换骨的进步。如果这个计划能够成功实行，中国就可以一举进入发达国家的行列，因此国民收入倍增计划对国家发展、民族崛起的意义，都不可小觑。

收入倍增计划一定要与提高劳动生产率联系起来

日本的收入倍增计划是以提高劳动生产率为核心，以提高收入为目的。我们今天解读日本的收入倍增计划，不要望文生义地以为日本只是在分配领域实行类似中国曾经拟议的"限高、扩中、补低"一套增加收入的措施。若没有劳动生产率的大幅提高，经济高速增长就不可能，从而不断增长的国民收入也就成为无源之水，即使一时能够实现，它也不过是通胀与挤压企业利润的代名词而已。所以，日本除了收入计划之外，还有经济发展计划，通过大规模投入研发，应用科技来提高劳动生产率，同步实现企业发展和国民收入的增长。

提高劳动生产率有两种方法。一种是产业升级，放弃低劳动生产率产业，直接发展高劳动生产率产业，从而带动全社会整体劳动生产率的提高，日本的国民收入倍增计划具有非常明显的产业升级特征。比如，在1955 ~ 1964年，黑白电视机、电冰箱、洗衣机是日本的"三大神器"，而在1965~1974年，汽车、彩电和空调成为"新三大件"。另一种是产业改造，即通过对机械化的深度运用和自动化技术的运用，将低劳动生产率企业造成高劳动生产率企业。产业升级必须以科技革命为依托，在目前的情况下，中国产业升级很难，中国应该更多的是依靠产业改造，利用产业改造在中国兴起一场劳动生产率革命。

改革开放后，中国也实行了多个“GDP倍增计划”。改革开放之初人均工资几十元，现在人均工资2000多元，虽然没什么“国民收入倍增计划”的提法，但实际上我们的收入早已增长了很多倍。按中国一般的经济增长速度，只要7年左右就可以实现收入的名义倍增。仅靠“国民收入倍增计划”已经远远不能解决中国目前的问题，中国的国民收入应该实现的是从月均2000元向2万元的跨越，而非从2000向4000的跨越，中国需要是国民收入的“5倍增”“10倍增”计划，而只有大幅度地改善劳动生产率，这种目标的实现才是指日可待的。日本的国民收入倍增计划是靠产业升级实行的，而中国应该将产业升级和产业改造并重。

很多人可能认为中国的问题是分配问题，其实如果单从分配上做文章，对提高民众的收入是非常有限的，即使是将劳动收入占GDP比重提高一倍，那中国民众的收入也只能提高一倍，而这几乎是不可能的。中国要想大幅提高民众收入，只能走提高劳动生产率的道路。劳动生产率的提高，特别是工业劳动生产率的提高对民众的收入具有倍增效果，中国现在应该制定劳动生产率及国民收入的双5倍增计划，这才是中国应该实现的大目标，针对这个大目标中国应该有大的规划。现在中国制定这个经济大目标的时候到了。

提高劳动生产率，是生产更快的问题，而要生产更快的前提是你得会生产。中国现在很多产品都会生产了，但是还有不少不会生产的，这已经很少了，这个不会的领域就是精密制造。

经济效率如何提高

发展工业自动化，是提升国家整体国力的主要手段。日本和德国的经济起飞，就是从这里开始的。在1986年前，应该说美国对这项工作是不重视的，以至于其十大传统行业中，有六大行业的优势地位完全丧失。后来，美国奋起直追，高度重视工业自动化技术，用工业自动化技术改造传统产业，产生了巨大的效益。到目前为止，应该说美国已完全恢复了在十大行业中的领先地位。所以，我们说，这一项工作抓好了，对提高整体国力是重要的。

发展自动化是调整工业结构的主要手段之一，因为自动化是电子技术、自动化技术、仪器仪表的集成技术的综合运用，也就是说，自动化技术可以带动众多技术向前发展，带动整个工业调整。

十大产业振兴规划，两个提到自动化

笔者发现，中国对自动化也开始有所重视。在十大产业振兴规划中，有两大产业振兴规划明确提到了自动化产业，这种殊荣是任何行业都没有得到过的。因为自动化产业既属于“装备制造业”，又属于“电子信息产业”，还属于国家最新提出的六大新兴战略产业之一的“高端生产性服务业”。由于自动化检测及控制设备的生产属于装备制造业，而自动技术本身属于电子信息技术的重要一支，而将自动化技术用于对传统产业的升级改造又属于高端生产性服务业。如果我们要问，哪个行业对工业发展的推动作用最大，那绝对非自动化行业莫属。如果说工业是撬动中国经济的杠杆的话，那么自动化产业就这个杠杆的支点。

劳动密集型产业只是30年前的一种提法，而当时自动化技术才刚刚起步，尚未大规模用于工业生产，而自动化技术应用之后，很多原先属于劳动密集型的产业已经被改造成了非劳动密集型产业。比如，粮食生产在30年前还属于劳动密集型产业，而现在实现机械化后，已经完全没有了劳动密集型产业的影子；还比如，修建公路在以前属于劳动密集型产业，现在也不属于劳动密集型产业了。

随着自动化技术的应用，劳动力成本在产品总成本中所占比重将越来越低，当劳动力成本降到一定程度时，也就失去了产业转移的必要。

笔者虽然为发展自动化产业鼓与呼，但笔者并不忌讳自动化产业的弊端，那就是会造成企业用工量的减少，对于这一现象笔者认为中国应该通过制定严格劳工休息制度来解决。在中国的制造业领域，加班现象非常的严重，企业主往往将基本工资定得非常低，然后将加班费定得非常高，从而引诱工人“主动”加班，但是工人一加班也就落入了企业主的圈套。中国这种“低基本工资，高加班工资”的现象必须改变，才能从根本上保障中国工人的权益，现在中国工人天天加班，但是综合工资并不高，都是这种制度惹的祸，中国必须通过立法对工人加班进行规定。

要把机器当人使，而不是把人当机器使

根据国际劳工组织2007年的报告显示，美国劳动者劳动时间较长，年平均为1804小时，挪威为1407小时，法国为1564小时，而中国、韩国马来西亚、泰国等年工作时间均超过2200个小时。这只是国际组织的统计数据，但是根据笔者的观察，中国制造业工人的年劳动时间大部分都在3000个小时以上。国外工人可以将更多的时间用于休闲娱乐，而中国

工人只能是加班工作，这都是劳动生产率太低造成的。**在发达国家是把机器当人使，而在中国有些地方是把人当机器使，需要加紧提高劳动生产率。**

一谈到中国的纺织、玩具、电脑、手机等产业没有自主控制权，中国只是承担了人们的加工制造环节，很多人就开始哀叹中国产业经济的落后，并希望将产业链扩展到设计、物流、营销、零售等环节。但我们仔细想想，这可以成功吗？中国将商品销售到国外，设计、物流、营销、零售这些环节本来就是应该是外国人来做的；同样，国外的商品销售到中国后，物流、营销等环节也就由我们中国人掌控，这是很正常的。

中国的学者都认为中国存在着产业危机，但是大家对产业危机的认识都不准确。中国连自己的市场都保不住，还总是想去占领别人的市场。我们可以将视野转换到另外一个领域看看吧，中国的三峡工程、西电东送、南水北调、青藏铁路，新北京十大建筑、新能源汽车等国家战略性大项目的核心订单基本上的都被外国公司抢了去，这些公司在中国赚的钱要远远大于纺织、玩具、消费电子这些产业在中国赚的钱。

世界自动化企业在中国闷声发大财

我们以 ABB 这家瑞士自动化公司为例子来看，三峡工程是国家重点工程。在三峡工程中，ABB 不仅为三峡右岸电站、左岸电站厂房、泄洪坝和永久船闸提供了全封闭组合电器、升压变压器和中压开关设备，还成功建造了三条高压直流输电线路将三峡电力输送到华东和华南地区。南水北调和西气东输是与三峡工程齐名的国家重点工程。在这两个战略工程中，同样可以看到 ABB 的身影，它为南水北调工程提供了传动系统；为西气东输工程提供了工业控制系统。此外，ABB 还积极投身于城市的基础设施建设。目前，ABB的产品与技术已经广泛应用在北京、上海、广州、天津、深圳等城市的多条地铁与轻轨线路建设中。ABB还是北京2008年奥运会和残奥会工程项目的主要电力系统供应商，参与了30多个奥运项目建设，包括国家体育馆（鸟巢）、国家游泳中心（水立方）、奥运村220千伏变电站、城北500千伏变电站、为主要场馆供电的安慧变电站、首都机场T3航站楼、北京轻轨机场线、中央电视台新址等。

世界级自动化企业进入中国如入无人之境。比如，在新北京十大建筑的楼宇自动化系统全部都是由国外自动化企业来完成的，中国现在发展电动汽车，但中国的汽车企业几乎没有任何在电动汽车方面的技术积累，而奇怪的是中国大部分车企都在短时间内都推出了自己的电动车，其实这些汽车的电池都来自美国的自动化企业—江森自控。中国越推广电动汽车，美国的江森自控就越赚钱。

另外，国外的自动化企业在中国的销售额都非常大，甚至远远超出了中国的大部分明星企业。比如，2007年瑞士自动化企业ABB在华销售额已经超过280亿元，德国自动化巨头西门子在中国2008年的销售额就已经达到了570亿元，法国自动化巨头施奈德2009在中国的销售额约为190亿元，美国自动化巨头江森自控2009年仅在汽车行业的中国销售额就达到了200多亿元，而江森自控在楼宇自动化、能源领域都非常强势，其在中国的总体销售额应该与西门子差不多，至少也在500亿元左右。这几个只是世界自动化的巨头，另外还有一些其他企业。比如，我们上面列举的几个巨头中没有一家是日本企业，而日本是典型的世界自动化强国，日本机器人可以占到中国机器人市场的一半。比如，美国的企业已经瞄准了珠三角地区的劳动密集型企业进行自动化改造的发展需要，这也是非常大的市场，以上企业的销售数据多为它们在2008年或是

2009年的销售数据，它们这些企业一直处于高增长当中，当你读到这里的时候，这些企业的在华销售额早就已经实现了大幅增长，已经翻番也是有可能的。

我们可以看看中国的明星企业的销售额。以《2009年中国企业500强》的数据为准，海信集团销售额为488亿元，国美电器的销售额为458亿元，中兴通讯为442亿元，格力电器为420亿元，万科为409亿元，中国核工业集团为377亿元，比亚迪汽车为267亿元，蒙牛乳业为237亿元，奇瑞汽车为184亿元。

我们可以看到，西门子在中国的销售额已经远远超过将连锁大卖场开遍中国大中小城市的国美电器，超过了中国最有名的建筑企业万科。在上面四大巨头当中，销售额最小的法国施奈德的在华销售额也已经超过了我们的奇瑞汽车，这些企业只要接到一个大的订单就可以有数亿元的收入，这些企业在中国的攻城略地绝对不可小觑。

真正的产业危机

我们再看看耐克、阿迪达斯这些知名企业，这些企业被看作是对中国进行产业链剥削的典型代表。而耐克和阿迪达斯这些企业请那么多的明星，做那么多的广告，在中国的销售额为70亿~80亿元人民币，这还占不到这些自动化巨头在中国销售额的一个零头。因此，我们最大的产业危机并不是耐克、阿迪达斯为代表的纺织行业、更不是以芭比娃娃为代表的玩具行业，而是在自动化行业。

当中国的经济学者谈到中国的产业危机时，不再总是拿耐克、阿迪达斯、芭比娃娃等做例子的时候，当中国的学者开始谈论ABB、西门子、施奈德、江森自控在中国的攻城略地的时候，那中国的产业也就真正看到希望了。

中国产业如何升级

在中国，一个领域一旦被国家重视，资金、人才、政策就会密集地向这个领域集中，这个领域就会突飞猛进的发展，同时也是各个地方大干快上的热点，随之这个产业出现利润下降，产能过剩的局面。比如，前几年的光伏产业就是这样的走向，鉴于此，各城市如果在未来发展中占据制高点就必须发现那些已经成型但尚未上升到政策文件中的领域，提前在这一领域布局、深耕，才能占据未来的制高点。笔者认为精密制造就是这样一个非常有前景的领域，精密制造是中国经济的最后一个短板。而目前尚未引起重视。

从技术本质而论，精密制造业主要有精密和超精密加工技术以及制造自动化两大领域。前者追求加工上的精度和表面质量极限，后者包括了产品设计、制造和管理的自动化，它不仅是快速响应市场需求、提高生产率、改善劳动条件的重要手段，而且是保证产品质量的有效举措，两者有密切关系。许多精密和超精密加工要依靠自动化技术得以达到预期指标，而不少制造自动化有赖于精密加工才能准确可靠地实现。两者具有全局的、决定性的作用，是先进制造技术的支柱。

精密制造行业市场空间大、盈利模式好，是技术驱动型行业，无论是全球还是中国，在历史上都是优秀公司辈出的行业。全球科技行业进入了由技术创新触发换机需求的大背景，为精密制造行业提供大机遇，无论是智能手机和平板电脑为代表的移动互联网之战，还是智能电视为代表的“客厅争夺战”，都将带来一批杀手级的高单价、高毛利的精密制造类产品。比如，鸿海精密作为全球电子制造龙头厂商，过去 16 年获得 450 倍的高成长。

中国精密制造厂商的机遇体现：在精密制造，特别是上游的连接器、精密结构件等领域，仍是欧、美、日厂商的天下。随着中国模具产业的成熟，中国企业如能技术获得突破，将利用显著的成本优势和国外企业不具备的快速服务把握产能转移的大机遇。

中国精密制造厂商以高端制造为技术积淀、利用资本市场平台整合全球优秀的人才和产业资源、切入消费电子全球客户，有望迅速赶上西方发达国家。

精密制造的核心是精密模具，我国精密模具制造业尚处于导入期，与发达工业国家相比，差距较大。国内主要精密模具大多从国外直接进口或由境内外资企业提供。目前，我国专业模具企业约有 2 万多家，但精密模具企业只占到 5%，而真正能够达到微米级技术水平精密模具企业不足 1‰。

模具在工业生产中运用广泛，但我国模具生产仍处于发展初期。据统计，75% 的金属零件粗加工、50% 的精加工和 90% 的塑料零件都是用模具加工完成的，因此模具被称为“工业之母”。

我国制造业中运用的高档模具产品特别是精密、大型、复杂、长寿命模具的产需矛盾突出，产品供不应求，50% 依靠进口。一般从事精密电子零部件的生产企业缺乏精密模具的设计开发经验，同时缺乏专业的模具人才和无法承担持续的精密模具加工设备的投入，导致大部分精密制造企业采用定制、外购的方式解决精密模具来源问题。因此，能够自制模具的精密制造企业就能够脱颖而出，以更快的速度制造出更好的产品。模具制造能力是精密制造厂商的核心竞争力之一。

模具的制造难度主要体现在三个方面：一是模具形状复杂，其工作部分一般都是二维或三维的复杂曲面，采用常规的加工方法有时会难以获得所需形状；二是模具精度要求高，高精度的制品必须由更高精度的模具来保证，因此模具精度要求大大高于产品精度要求，一般模具精度达到 5μm 以内的模具才能称为精密模具，有的甚至控制在微米级范围内，加工后模具表面不允许有任何缺陷，表面粗糙值小于 Ra0.8um ；三是模具制造工艺独特，一般都是单件生产，生产周期较长，成本较高。随着下游产品技术更新换代加快，定制部件增多，使得模具加工周期进一步缩短，对模具制造厂商的市场反应能力和制造能力都提出了更高的要求。

精密制造业产品种类繁多，属于非标准化产品，因此每种产品的生产流程有所差别，需要不同设备进行成型、组装处理。以连接器组装为例，各类连接器因为形状和功能的区别，很难用统一的设备进行统一组装，因此对连接器厂商的自动化设备制造能力要求较高。

设备自动化能力是降低人工成本、保证产品精度和良品率、缩短交货周期的关键因素。在劳动力成本不断上升的过程中，加装自动化设备，能让工厂生产效率大幅提升、节省更多人力成本，如原本需要 500 ~ 600 名工人的工厂，在加装自动化或半自动化设备后，可能只需要 50 ~ 100 名工人就可解决；除此之外，电子产品在轻、薄、短、小的趋势带动下，规格、间距、插孔要求愈来愈精细，故依赖人工肉眼检验已经越来越不可靠，加上自动化设备没有换班问题，对于产品交货时间掌握度高，故自动化或半自动化设备日益成为精密制造企业的核心竞争力之一。

随着劳动力成本的提高，制造业厂商采用自动化设备的意愿也越来越强，如富士康最近宣布未来3年内将新增100万台机器人取代人工劳动力，届时富士康的生产效率将大幅提高。目前富士康有1万台机器人，明年将达到30万台，3年后机器人的规模将达到100万台，这些机器人主要用在喷涂、焊接、装配等工序上。我国的电子制造企业规模较小，而自动化设备的初始投入较大，因此大多数企业的自动化程度较低。

美国自动化设备的产值在20世纪90年代就已到达GDP的4%，而我国约仅为1.1%，且大多局限于化工、冶金等行业。目前我国工业自动化产品中高端市场几乎全部由国外著名品牌产品垄断，外资厂商连续多年占据50%的市场份额。因此，设备的自动化成为制造业的又一技术难点，能够自制自动化设备的企业具有显著的竞争优势。

精密制造的盈利模式更胜一筹

定制化生产、避开标准化竞争的精密制造业企业一般根据客户的订单生产，属于定制化生产产业，其定制化源于两大因素。

一是产品品种多、更新快，难以实现标准化生产。以连接器为例，每台笔记本约有35 ~ 45个连接器，不同型号、品牌的电脑所使用连接器又各不相同，仅电脑使用的连接器就有上万种，加上手机、工业等各领域，连接器的型号多达几百万个。以世界最大的精密制造器件制造商Tyco为例，其独家供应的连接器就多达50万种。此外，连接器产品更新快，产品生命周期仅为3个月到1年。以连接器厂商中毛利率最高的Hirose为例，其每年平均推出新产品6000款，占产品总数的1/3以上，新产品收入占总收入的30% ~ 40%。

二是精密制造生产工艺复杂。精密零组件的生产流程一般包括产品设计、模具制造、自动化设备制造、结构件成型、组装等各个流程。不同的零组件需要不同的模具和生产设备，且工艺流程也不相同。以CPU连接器为例，完成一个CPU需要开10套模型，每个型号的CPU插口数、插口形状各不相同，因此成型流程也各不相同。定制化的生产模式能够避开产品标准化带来的激烈价格竞争，因此精密制造厂商能够享有较高的盈利水平。

精密制造还属于重研发、重设计的轻资产行业，轻资产的属性使得精密制造厂商的业绩具有爆发性和较好的竞争力。一方面，厂商产能扩张和收缩受资本支出影响小，易于调节产能，在下游需求旺盛期快速增长产能，能迅速扩大规模，业绩弹性大；另一方面，在下游需求疲软期灵活削减产能，避免过度竞争。

精密制造盈利快还表现为产品更新换级快，新产品是盈利亮点。精密零部件产品生命周期短，更新换代快。加上本轮技术创新，新产品不断，进一步加快了精密制造厂商的创新速度。新产品往往享有高毛利，这是厂商的盈利亮点。

精密制造的盈利模式还表现为垂直一体化。垂直一体化企业能够做到创新速度更快、制造成本更低以及产品更出色。垂直一体化企业控制上游设备和模具，因此能够做到创新速度更快；能够扩大生产规模降低生产成本，并通过自制零部件降低系统成本，在向下游扩张中获得成本优势；能够自始至终对产品质量进行监控，因此产品更出色。垂直一体化为企业提供了核心竞争力，使企业的盈利能力大大提高。

技术创新不可或缺的环节

电子行业进入换机消费时代，技术创新是换机消费的主线。随着电子产品不断轻薄化、小型化、智能化，对电子零部件的制造要求也越来越高，精密制造越发成为技术创新中不可或缺的环节。

全球科技行业进入技术创新触发换机需求的大背景，为精密制造行业提供大机遇，以苹果为代表引领的技术创新，带来大量消费电子产品结构化创新与技术性创新。无论是智能手机和平板电脑为代表的移动互联网之战，还是智能电视为代表的“客厅争夺战”，都将带来一批杀手级的高单价、高毛利的精密制造类产品。技术创新一方面创造换机需求，提升终端出货量，从而拉升上游精密零部件出货量；另一方面技术创新会加大精密零部件制造难度、加快新产品更新换级速度，从而拉升精密零部件制造商盈利能力。

在技术创新中，中国企业将获得后发优势。技术创新促发换机需求电子行业进入换机消费时代，技术创新是换机消费的主线。过去的电子产业过度强调分工与专业化，导致企业创新能力和创新优势逐步丧失，当然这一状况也是应时代发展产生的。在 1998 ~ 2008 年的十年中，电子行业的增长逻辑是渗透率不断上升，而渗透率上升的逻辑是价格的不断下降，因此必须通过分工与专业化降低产品价格，提升渗透率。但到 2008 年渗透率已经上升到足够水平，下一轮技术创新的主题是更新换代的换机周期。而能够吸引消费者更新换代的将不再是价格，而是技术创新。

而技术创新，不管是外型创新还是输入输出技术创新，都需要精密制造行业提供更美观的外表、更快的传输速度和更轻薄短小的产品。

技术创新大大提高输入输出速度和信息量，使终端设备不断轻薄化、小型化、智能化。本轮技术创新集中在输入和输出环节，输入环节的技术创新使信息输入的速度大大提高，输出环节的技术创新使显示屏的像素、分辨率、对比度等各项指标大幅提高，使终端信息传输量大幅上升。在移动互联网的快速发展下，移动终端不断呈现轻薄化、小型化，智能手机、平板电脑等新产品的尺寸较笔记本大大缩小，且数据传输速度、显示分辨率等性能大大上升。

精密制造是实现终端轻薄化、小型化、智能化关键。精密零部件对提升设备输入输出速度和信息量起着关键作用。技术创新对精密制造业的推动作用技术创新对精密制造业的推动作用体现在出货量上升和单价上升两个方面：一方面，技术创新促进换机需求，刺激智能手机、平板电脑等新型终端出货量，从而拉升上游精密零部件出货量；另一方面，新产品对连接器性能、尺寸的要求更加严格，因此单价更高，从而拉升上游精密零部件盈利能力。

中国厂商的战略机遇

中国精密制造厂商的机遇体现在三方面。其一，精密制造业，特别是上游的连接器、精密结构件等领域，仍是欧美日厂商的天下。中国企业如能获得技术突破，将利用显著的成本优势和国外企业不具备的快速服务能力把握产能转移的大机遇。其二，鸿海是全球电子制造业霸主，但此前全球只有鸿海一家厂商能做到垂直一体化，鸿海的强大威胁到产业链利益，从产业竞争的逻辑，“防鸿”势在必行，收益于此未来必然出现新的垂直一体化的精密制造厂商。除鸿海外，我国台湾出了宏达电、华硕、宏基等品牌大厂，也让日、韩厂商心有余悸，也给我国电子厂商带来更多机遇。

其三，中国精密制造厂商以高端制造为技术积淀、利用资本市场平台整合全球优秀的人才和产业资源、切入消费电子全球客户，有望复制鸿海垂直一体化之路。A股上市公司的市值溢价和估值溢价使得大陆企业在并购和人才引进上具备显著优势。

精密制造业的主要玩家是欧、美和日本企业。在精密制造业特别是上游的连接器、精密结构件等领域，仍是欧美日厂商的天下。以连接器为例，欧、美、日厂商市场份额高达58%，大陆和台湾企业仅为27%；全球前十大连接器厂商中9家是欧、美、日厂商，亚洲厂商（除日本）仅鸿海一家，其份额占前十强总份额的6%，大大低于半导体代工、PCB等其他产业（半导体代工为100%，PCB为48%）。

亚洲精密制造企业具有显著成本优势。以连接器为例，产品成本中人工成本占20%，高于半导体和PCB等产业。因此，与欧、美、日厂商相比，亚洲厂商的成本优势明显。例如，同样生产CPU连接器，得润电子的成本只有Tyco的1/3，且品质比Tyco稳定。

此外，大陆精密制造厂商的费用率远远低于欧、美、日和我国台湾厂商，且是近年来各地区厂商中唯一费用率呈现下降趋势的。在此带动下，大陆厂商的营业利润率水平也处于领先水平，且呈现向上趋势。

亚洲精密制造企业快速服务能力突出。在技术创新的年代，产品创新和反应速度越来越重要，供应商的反应能力和服务能力越来越受到重视。日本厂商最大的问题是没有服务和反应速度慢，日本厂商当年之所以在与我国台湾制造业的竞争中失利，很大程度上要归咎于此。如今中国厂商在快速反应和服务上更胜一筹，一方面是因为中国厂商核心技术人员驻扎大陆，靠近客户，为客户服务紧密；另一方面是因为中国工程技术人员人力成本较低，技术人员与客户的配比率较高，因此服务更周到。

中国机械制造业的积淀提供了技术和人才积累，得益于下游汽车、电子、塑料制品行业的快速发展，我国的机械制造业进入快速发展期，特别是模具和自动化设备行业取得了长足的发展，为精密制造业的发展提供了技术和人才积累。

我国模具行业年复合增长率在28%以上，持续快速成长中。我国模具出口已经实现了顺差，反映了我国模具制造业综合实力的增强。过去10年中国模具出口的快速增长反映了中国精密制造业基础的成熟。

我国自动化设备行业复合增长率33%，持续快速成长中。预计未来5年我国的自动化设备行业仍将保持20%～30%的高增长。虽然大陆的自动化程度低于欧美日等发达国家，但却遥遥领先于我国台湾地区。根据国际机器人联合会的预测，到2013年中国大陆的工业机器人数量将超过北美、德国和韩国等地区，成为世界第二的机器人大国。

本土资本市场提供整合资源的巨大舞台，中国精密制造业有待整合。从国际发展经验看，精密制造业的行业集中度在不断提高，我们再以连接器为例说明厂商的集中度水平。连接器产业集中度很高，且呈现出不断集中的趋势。世界前十大连接器厂商的市场份额为54%，仅Tyco一家就17%，三大龙头占据全球1/3的市场；前十大连接器厂商的市场份额不断提升，行业龙头并购不断，引领行业集中度不断提升。

在国际精密制造业行业集中度不断提高的大背景下，中国精密制造业走向整合也是必然，目前，行业亟待整合。中国市场中，A股上市公司市值和估值溢价显著，提供整合资源的巨大舞台本土龙头企业的上市为其人才和产业链整合提供了充足资源，行业整合不仅有利于精密制造企业进行垂直一体化，更能加快新产品布局速度，是各大精密制造厂商扩大规模、抢占市场、提升盈利能力的关键环节。

大陆资本市场给精密制造厂商的估值明显高于我国台湾和香港市场，使大陆精密制造企业拥有更多资本实力整合行业内的优秀随着多家精密制造龙头企业上市，其行业资源整合的步伐加快，不仅是公司的并购，还有全球人才的整合，这将大大加快这些龙头企业的技术开发和渠道拓展能力，为公司未来的发展打下良好基础。

我们相信未来整合的步伐必将越来越快，步调必将越来越大。

企业常常在技术创新中发挥后发优势，后来居上。正是基于此，企业在技术创新中才具有后发优势，才有可能获得进入全球一流供应链的机会。每次技术创新都是对产业链的一次重新整理，如果新入厂商能够更早把握技术创新大趋势、更快做多更好、更便宜的新产品，就有可能成为一流厂商的核心供应商，同一流厂商一同成长。

本轮技术创新中，中国精密制造企业将凭借多年的技术和人才积累，以及成本优势，在输入和输出环节的技术创新中发挥后发优势。不少优秀的中国企业已在本轮技术创新中进入了全球一流的消费电子产业链，如歌尔声学和立讯精密都进入了苹果产业链，歌尔声学同时打入索尼产业链，打破了索尼 15 年未换核心供应商的惯例。

我国大陆地区企业竞争优势显著，有望在未来必然出现新的垂直一体化的精密制造厂商，而我国台湾地区精密制造业中能对大陆厂商构成威胁的并不多。在业务规模上，大多大陆龙头企业的规模与我国台湾二线厂商相近，且盈利能力遥遥领先，在成本优势和本土丰富的资源禀赋支持下，真正能对大陆企业构成威胁的只有少数一线和二线龙头企业。如连接器产业上，我国台湾地区除前五大厂商外，其他厂商收入规模均落后于大陆龙头，而即使禾昌、新日兴这样的龙头，在本轮技术创新中也逐渐失去了竞争优势，收入成长和盈利能力皆不如大陆地区龙头企业。

精密制造是垂直一体化模式的基石

如前文所述，电子行业进入换机消费时代，技术创新才是换机消费的主线，而垂直一体化模式能提升企业创新速度、降低产品生产成本、提高产品质量，因此，在本轮技术创新中垂直一体化企业具有强大竞争力。垂直一体化的逻辑不仅体现在下游消费电子巨头的竞争中，也体现在上游元器件制造企业的竞争中。

垂直一体化模式带来三大竞争优势：创新速度更快、成本更低、产品更出色。

优秀的精密制造厂商是最有可能实现上下游渗透，复制垂直一体化模式的。以史为鉴，垂直一体化厂商创新能力遥遥领先本轮技术创新中，除了鸿海、苹果、三星等垂直一体化厂商胜出，其他科技龙头纷纷衰败。无论是收入规模还是盈利水平，垂直一体化厂商都遥遥领先。进一步以三星为例，我国台湾和韩国的电子产业几乎同时起步，但时至今日，三星一家在全球半导体和面板产业的市场地位却超越我国整个台湾产业链，这与其垂直一体化的模式是分不开的。

垂直一体化厂商核心优势

创新速度更快：无论是创新速度还是产品生产速度，垂直一体化厂商都领先于其他厂商。在美国专利申请排行榜中，入围前 15 名的非欧美和日本企业只有鸿海和三星这两家垂直一体化厂商，且其专利增长数是所有厂商中最快的，鸿海和三星都打破了本国企业只能做低端产品的宿命，在研发及专利上的布局已经从量变到质变，实现了制造到科技的升华。垂直一体化厂商的制造速度也遥遥领先。以鸿海为例，其制造速度全球领先，从接到订单到完成设计、开出模组，仅需 48 小时，精密制造企业最有可能做到垂直一体化，精密制造厂商掌握强大的制造能力，向上可以向 SMT、设备自动化、模具制造延伸，向下可以向模组、代工、品牌衍生，是最有可能实现垂直一体化的企业。如今一流的垂直一体化企业，如鸿海、三星、正崴、比亚迪，都是从精密制造开始起家。

精密制造企业在垂直一体化上具备两方面优势。

- 向上发展，掌握核心技术：精密制造厂商要在竞争中胜出，不但要掌握核心零部件的制造技术，更要掌握上游设备和模组的制造能力，因为设备和模组的质量和生产速度决定了产品的质量和生产速度。因此，成功的精密制造企业必是向上垂直一体，掌握模具和设备制造能力的。
- 向下延伸，掌握成本优势：以计算机产业为例，零部件、代工和品牌厂商的产值比例约为 70：5：25，因此掌握零部件制造能力的厂商将具备显著成本优势。当年鸿海就是凭借 CPU 连接器的成本优势拿下主板订单，并一举成为主板市场的龙头；凭借各类自制零部件的成本优势在代工市场所向披靡，迅速超过其他 ODM 和 EMS 厂商，成为全球最大的代工厂商。

另一方面，技术创新后，产业格局基本稳定，后来者进入门槛很高，因此在技术创新中进入核心产业链的厂商与未进入的厂商分化将不断拉大。每次技术革新都会有一批厂商凭借新产品和后发优势脱颖而出，进入全球一流的产业链，如莱宝高科、歌尔声学、立讯精密等，都是在本轮技术革新中进入苹果产业链。经过一年多的技术革命，产业链格局基本稳定，进入一流产业链的公司，将伴随其核心客户一同成长，而没有进入的厂商，其后却很难进入。

从中国机械制造业成功之路看中国精密制造业发展

同为技术密集型产业，精密制造业有望复制机械制造业的成功之路。工程机械行业是我国在机械行业中增长最快的子行业，从 2000 ~ 2010 年增长了 8 倍，基本完成了进口替代，同时在出口方面有飞速增长，已涌现出一批如三一重工等具有国际竞争力的行业巨头。

我国工程机械行业爆发性增长的原因有以下几点：一是巨大的本土需求，中国已经成为世界上最大的工程机械消费国，城镇化西进、民生工程等持续推动该行业快速增长；二是成本优势，中国拥有相对低廉的人力成本，可以以低成本聘用众多工程师和生产工人，对于工程机械这样一个以劳动密集型、技术密集型为特征的行业而言，低成本人力资源是获得全球性竞争优势的重要因素，我国的产品价格一般仅为国外同类产品的 60%，性价比优势突出；三是技术后发优势，我国的工程机械行业从早期的低端起步，逐渐占领高端市场，先后研发出具有世界一流水平的起重机和装载机等；四是垂直一体化，控制上游零部件以降低成本和外购费用波动风险，增加核心环节的研发能力。由于前述理由，我国厂商具有巨大的成本优势，故只要攻克了一个领域就能抢占该领域的份额。如三一重工的挖掘机在过去 5 年内市场份额从 1% 升至 12%，抢占了小松、斗山、日立、卡特彼勒等外资品牌的市场。

比较精密制造行业和工程机械行业，我们可以看到许多类似之处。在需求方面，我国逐渐成为世界上最大的通信、消费电子、光电产品、汽车的消费国和生产国；在成本方面，我国也拥有许多精密制造方面的人才，结合低廉的加工成本可让我国精密制造行业赢在起跑线上；在技术方面，像得润、立讯等企业通过在研发上的不懈投入已经在许多产品上有了质的突破，达到行业一流水平，结合成本优势将会使中国精密制造厂商迅速占领全球市场；在垂直一体化方面，本土资本市场将助企业加速整合。

分析工程机械行业，我们也可以发现行业龙头能在行业高增长的基础上更上一层楼，如工程机械的龙头三一重工，在过去 10 年内收入增长了 86 倍，是行业增长速度的 10 倍，我们认为精密制造行业中也会有类似的龙头产生。

精密制造行业提供的是制造业的关键零部件，是产业链的最顶端，是利润最高的部分，是绝大部分行业需要的领域，也是一个广泛而复杂的领域，未来如果哪个城市能在这方面夺得先机，那必将在未来执中国工业之牛耳。

很多营销专家都认为品牌很重要，很多企业家也被忽悠了，其实关键零部件才是利润的核心，是最高利润的部分。中国的汽车、电脑、家电等行业，虽然内资品牌都很强大，而且也都家喻户晓，但是利润不高，关键就是关键零部件生产不了，生产不能自主，打造品牌，做广告都是浪费。

正确认识美国的制造业重振

美国贸易逆差频创新低的情况下，对华贸易逆差却继续扩大，这说明，中国对美贸易在一定时期还是存在比较优势的。

近半年来，媒体纷纷报道，大批美企正在从包括珠三角在内的中国市场悄然撤退，越来越多的“中国制造”正在摇身变为“美国制造”，其中包括消费品巨头佳顿、工程机械制造商卡特彼勒、汽车巨头福特公司等。《纽约时报》也报道了同样的现象，一些美企已经采取了一些小措施把制造业工作岗位转回到美国本土，如星巴克、GE 等公司。中国引以为豪的“世界工厂”地位，看似正面临着前所未有的挑战：国内劳动力与原材料成本的上涨、制造业总体产能的过剩、融资环境的恶化，以及全球经济的萎靡，让中国制造业企业面临进退维谷的困境。

其实这种趋势从长期看是存在的，而且会越来越明显，但从短期看，还没有必要如此之悲观，中国经济的比较优势来源于中美之间劳动生产率的差距，这一差距的外在表现是劳动力成本的不同，美国劳动生产率高，劳动成本也高，中国劳动生产率低，劳动成本也低。目前中国与美国的劳动生产率还有将近 10 倍的差距，因此短期内不可能拉平，也就是在相当长的时间内，中国相对于美国都存在劳动力成本优势。

退一步说，即使嫌中国的劳动力太贵，美企产业转移的方向也应该是东南亚、非洲等国家和地区。过去几年，外企“东南飞”的风一直在吹，也有部分纺织工厂向越南、孟加拉等地转移，但规模不大，不成气候。中国之所以可以成为世界工厂，除了劳动力的成本优势外，还有很多深层次的因素。高校扩招以来，中国人口素质正在普遍提高，劳动力物美价廉在很长一段时间内都是可以预见的事件。中国产业配套能力很完善，在 IT、重工业等，物流、生产等一系列相关的产业链是其他劳动力丰富的国家无法比拟的。土地所有制、政治治理结构等背景，更使得中国可以“因地制宜”地为外企“量身定做”发展环境，这是外企在全球范围内罕见的待遇。另外，还有一个最重要的因素，那就是中国将是全世界最大的统一市场，这是任何国家都无法比拟的。因此，如果单纯从经济效率上考虑，中国在很长一段时间内，都将是全球生产基地的首选。

另外，我们对美国重振制造业最大的误解是美国制造业的回归。但事实不是这样，美国制造业的重振其实只是对过去过度仰仗金融业的一个矫正而已，通俗地讲，就是美国经济不再依靠高盛、摩根斯坦利等投行，而是更多的依靠苹果、谷歌等公司。金融危机其根源始于 20 世纪 80 年代的去工业化。去工业化造成美国产业空心化，失业率攀升。过去十几年中，美国工业生产值与其增长幅度迅速下滑；制造业就业人数占总就业人数的比例，在 10 年间从 15% 下降到了 10% 以下，1979~1993 年，美国制造业流失的工作岗位数量为 230 万。

自从奥巴马提出“可持续和均衡增长框架”建议后，美国出台了一系列以平衡增长为背景的经济复苏提振政策。最为显著和标志性的当属 2010 年 8 月 11 日生效的《美国制造业振兴法案》，该法案旨在帮助美国制造业降低生产成本，增强国际竞争力，提振实体制造业，创造更多就业岗位。

近期美国的制造业企业确实也很给奥巴马面子，以苹果和谷歌为代表的公司在世界出尽风头。一份报告指出，苹果手机甚至仅以 8.7% 的市场占有率，获取了整个手机市场 3/4 的利润。而且从最新的手机市场从分布来看，谷歌和苹果加起来占了 85% 的全球市场，包其中安卓的 68.1% 的市场占有率，苹果 16.9% 市场占有率。Windows 操作系统的手机的市场占有率从年初的 2.3% 升到了现在的 3.5%。同时塞班系统（在诺基亚手机里最常用）的市场占有率也从年初的 16.9% 降到了现在的 4.4%。另外，谷歌又宣布将巨资收购摩托罗拉，宣示其向制造领域的势力延伸，这些都是美国制造业重振的典型案例。

总之，一句话，美国制造业的重振是苹果、谷歌等高科技的重振，而绝不是耐克、阿迪达斯等传统制造业的回归，中国不用害怕，也不用误解。

美国：以创新求复苏

奥巴马还在创新与制造方面下功夫，以重新培育经济增长的种子，这方面也通过了两个法案，分别是《美国复苏与再投资法案》和《美国制造业促进法》，前一个更重视创新，后一个更重视创造。

全球经济的竞争将愈来愈激烈。只有那些拥有受过最好教育的劳动力，严谨对待科研和技术，建有像道路、机场、高速铁路和高速互联网等高质量的基础设施的国家，才会在这场竞争中获得胜利。这些因素都是21世纪经济增长的种子，这些种子播种在哪里，工作和企业就会在哪里扎根。

这段在世界范围内广为传颂的话是奥巴马2010年12月6日演讲中的一段，可见奥巴马还是很有预见性的一个总统，而美国制造业的现状确实也值得忧虑。

《美国复苏与再投资法案》

《美国复苏与再投资法案》包含复苏和再投资两大方面，其实是一个方面即投资，也就是以投资促复苏，而投资投向哪里，是新兴制造业。

布什执政的最后三个月里，美国经济萎缩了8.9%。奥巴马于2009年1月上任后的一个月内通过了7870亿美元的刺激计划，这笔资金约占美国GDP的4%。而20世纪30年代的大萧条时期，在富兰克林·罗斯福新政年间，最大的一笔刺激方案也只约占当时 GDP 的 1.5%。奥巴马法案的正式名称为《美国复苏与再投资法案》，奥巴马在当选以前很早就意识到了他将面临像 20 世纪 30 年代那样严重的危机。

事实上，《美国复苏与再投资法案》计划在 2009 年到 2019 年投入 7872 亿美元，主要针对减税、政府财政纾困、健康医疗和教育科研投入，以及交通运输和房屋城市发展。其中，在 2009 年将投入 1849 亿美元，占 2009 年名义 GDP（根据美国国会预算办公室的预计）的 1.3%。

奥巴马非常重视电动汽车，他推出了 2015 年使得美国电动车保有量 100 万辆的计划。虽然美国的研究人员已经研发出了先进的电动汽车电池，但却缺少将之变成产品的生产商。截至 2009 年，美国仅有 2 家生产先进电动车用电池的工厂，产量仅占全球先进车用电池的不到 2%。据美国能源部长朱棣文表示，在 2010 年，亚洲国家控制着 99% 的电动汽车电池市场份额。彼得斯等研究人员表示，美国的问题在于缺乏电池生产商。即便按照奥巴马的乐观估计，它们仍将握有 60% 的市场份额。

为此，这方面投资巨大，《美国复苏与再投资法案》向先进电池和电动驱动部件制造投资了超过 20 亿美元。到 2012 年，将建立起 30 家此类工厂，产能预计将占到全球先进车用电池的 20%。完全规模运营后，这些工厂生产的电池和部件将足以供 50 万辆 plug-in 和混合动力车使用。A123 系统公司等美国生产商已经建立新工厂，开始生产电池。

2009 ~ 2013 年，当 20 家电池生产厂建立并运营后，电池成本有望下降一半。展望未来，《美国复苏与再投资法案》资助的新兴企业正在致力于远胜于当前锂离子电池性能的创新技术开发，将创造更轻、更廉价且性能更出众的电能储存设备（如新型电池等），使得汽车行驶里程更长、安全性更高、加速性能更好。

在《美国复苏与再投资法案》之外，奥巴马还支持在特拉华、田纳西和加利福尼亚建造 3 家电动汽车制造厂。这些投资将在近期内提高美国的制造能力。电动车正变得更加实惠和方便。

《美国复苏与再投资法案》也正帮助美国更快地部署最新的太阳能发电技术，同时扩大制造能力。法案中的"直接支付替代税收减免"计划支持了超过 200MW 的太阳能发电项目。在佛罗里达州，该计划资助了北美最大的光伏发电厂——25MW 的太阳园的建设。法案中的先进能源制造税收减免计划帮助太阳能制造商扩张了产能；贷款担保计划帮助创新薄膜太阳能制造商在加州建立了高科技太阳能模块生产厂，产能达到每年 230MW。此外，美国能源部还承诺为支持世界上最大的太阳能热发电场。

归功于现在的投资，人们曾预测到 2015 年时，太阳能发电的成本将下跌一半，将相当于标准的家庭用电价格；更进一步讲，到 2030 年屋顶太阳能发电的成本将低至 0.06 美元 /kWh。太阳能发电的这一价格将比家庭用电价格便宜很多，平均每户可节省 400 多美元的电费。

《美国复苏与再投资法案》还帮助提升美国风能及其部件制造基地的生产能力，保持强劲需求和项目融资，并有助于吸引数十亿美元的私人投资。法案中的"直接支付替代税收减免"计划为遍布全美 30 个州、总装机容量达 5.3GW 的超过 100 个风能项目资助了 30 亿美元。法案中的先进能源制造税收减免计划为 52 个风能制造项目提供了 3.46 亿美元的税收减免，将大幅提升美国风能制造能力。

《美国复苏与再投资法案》还支持太阳能和风能领域的突破性创新。受资助的麻省 FloDesign 公司正在利用先进的航空航天技术开发一种新型的套罩风力机设计，能够大幅降低风力发电的成本和产生的噪音。其他受资助的还有正在开发新型太阳电池的公司，其产品成本要远低于现今最好的薄膜技术。

为进一步使得消费者拥有能源使用决策自主权，增强灵活性和安全性，《美国复苏与再投资法案》投资和私人投资将在已有 800 万块智能电表基础上再新增安装 1800 万块智能电表。为提高系统可靠性，《美国复苏与再投资法案》将资助为超过 875 个输电系统安装传感器，覆盖整个输电网络，以提醒并帮助操作人员避免由小的扰动造成大规模停电事故。为进一步保证系统可靠性，《美国复苏与再投资法案》还将资助为约 700 个变电站装备监测和响应系统不规则事件的自动设备。

2011 年 2 月 4 日，白宫再次发表“美国创新战略”报告，具体阐述此前奥巴马在国情咨文中提出的战略目标，即赢得未来，保持美国在创新能力、教育和基础设施等方面的竞争力。核心内容主要包括强化创新要素、激励创新创业、催生重大突破等几个层面。这也是美国在全球经济竞争越来越激烈的背景下为确保其国家经济增长和繁荣所作出的最新政策安排。

在教育方面，奥巴马认为美国在许多衡量指标上已经落后于其他国家，奥巴马政府的关注科学、技术、工程和数学（STEM）领域的教育改革。还必须在妇女和在少数群体中推广 STEM 教育，总统承诺在 10 年内储备增加 10 万名拥有较强教育技能和知识渊博的 STEM 教师。使美国基础教育体系中的 STEM 教育更加通俗易懂，帮助美国学生位列国际 STEM 排名前列。

建造先进的基础设施

奥巴马总统已经确定了要在 25 年内将 80% 的美国人与高速铁路系统

连接起来的宏伟目标。为了实现这个目标，他建议根据《美国复苏与再投资法案》对高速铁路进行持续的投资，帮助建立一个高效的、拥有时速100 ~ 600英里的城际高速铁路网络。这一举措将更好地连接美国各地的社区。这一构想建立在成功的传统高速公路和航空业务发展模式上，同时配以洁净、节能的适宜21世纪的解决方案。

美国政府还正致力于促进下一代无线宽带网络的发展。这种网络能够覆盖到98%的美国公民，并确保公众安全地连接到覆盖全国的可相互操作的无线网络。促进最先进网络技术的投入和创新的一个关键因素是为无线宽带腾出更多空间。为此，政府正在大幅增加无线宽频的范围，从50MHz增加到550MHz，使其能够覆盖到商业用途。政府的十年计划将避免“宽频全面危机”，并有利于推动智能手机、上网本和平板电脑以及其所配置的应用程序的创新潮流。

以制造求长远发展

奥巴马的战略非常清晰，那就是用金改方案求问题，用创新战略求复苏，用重振制造业求长远发展，前面的《美国复苏与再投资法案》着眼的是创新与新兴的产业，2010年出台的《美国制造业促进法》则是更针对传统制造业。

2010年11月11日，美国总统奥巴马签署了《美国制造业促进法》，他表示制造业是美国经济复苏的重要动力，因此降低制造业成本、促进其就业是该法案的宗旨。虽说中国目前难以撼动美国在以军工为代表的高端制造业的领先优势，但美国制造业竞争力明显下降导致其外贸逆差居高不下是不争的事实，美国制造业竞争力明显下降的重要原因是过度玩钱。

“虚拟经济”一词含义可以用一个通俗的说法来解释那就是玩钱经济，

美国经济疲软失业率居高不下的根源是玩钱经济过于兴旺，过度玩钱最终玩出一个金融危机美国的经验教训值得我们借鉴。美国科学院的一项调查表明这几年美国科技实力滑坡与政府不愿加大科技投入有很大关系，除军工和航天科技外美国大部分科研机构近 3 年来所获得的财政预算一直没变过，如考虑通货膨胀因素美国科研机构所获得的资金一直在缩水。

与美国科研投入不断下降形成鲜明对比的华尔街的投机炒作却从来不差钱。连美国人自己都承认所谓华尔街是投机炒作一条街。金融危机爆发之前华尔街多达数千亿美元的各种投资基金、对冲基金云集石油、农产品、矿产品的期货市场炒得天翻地覆价格屡创新高实体经济反而成为高油价的受害者。

金融危机爆发后油价从最高每桶 147 美元暴跌至最低每桶 35 美元。而金融危机稍有缓解美国政府给华尔街巨额救助资金马上摇身一变成了巨额投机资金重新进入市场。华尔街各路投机资金又卷土重来，又开始新一轮疯狂炒作。在天量投机资金推动下芝加哥期货市场油价重新返回每桶 90 美元的高点，铜、铅、锌等有色金属价格已从最低点上涨了好几倍纽约股市道琼斯指数达到两年多以来的最高水平黄金价格更是连创历史新高。

高盛在 2009 年全年盈利达到创纪录的 134 亿美元，高盛的暴利靠的就是投机炒作炒油价、炒汇率、炒期货、炒股票、炒黄金等。稍有经济学常识的人都知道投机炒作是一种典型的零和游戏，即一部分人赚钱是以另一部分人赔钱为代价的。股民都知道少数股民的赚钱是以多数股民赔钱为代价的。华尔街炒来炒去只不过是在投机者之间进行财富再分配，美国的财富并不会因华尔街投机炒作而增加，美国制造业竞争力与科技实力并不会因华尔街投机炒作而增强。

中国在中低端制造业规模上已接近美国制造业，要维护其在飞机等高端制造领域的竞争优势靠的是科技，而科技的研发与创新没有任何捷径可走，就得脚踏实地一步一个脚印地干，得耐得住寂寞，得甘坐冷板凳，得忍受十年磨一剑的长期煎熬。华尔街过度投机必然激发了美国人浮躁心理，人人都急功近利、投机取巧，都幻想一夜暴富，这严重影响了美国人对发展以制造业为主体的实体经济与科技创新的进取心。

据路透社报道，美国科研领域大有世风日下之势。一项最新调查表明如今美国顶尖科研机构中弄虚作假现象很普遍，每 10 名科学家中就有 1 人为骗取研究经费剽窃或造假，每发表的 10 篇科研论文中就有 2 篇论述的是同一课题，而且内容基本相同只是形式不同。这种换汤不换药的论文毫无疑问是相互抄袭的产物。美国科研机构每年至少发生 2300 起违规案其中包括为改善研究成果而篡改实验数据等。

华尔街一向是美国经济与社会的风向标，华尔街精英所作所为也在很大程度上为美国整个精英阶层起着示范和引导作用。看来华尔街投机炒作之风已吹进了美国科技界，美国科技界精英也开始效仿华尔街精英，投机取巧、弄虚作假之风开始蔓延，美国制造业与科技创新能力受到严重冲击是必然的。在美国经济学家拉鲁什看来，从 20 世纪 60 年代起，美国经济便开始逐步被金融寡头所掌控，美国由此走向衰退从一个奋发向上、不断开拓的创新型国家变为一个唯利是图的贪婪国度，人人都指望不费力气就可以发家致富，靠剪外国羊毛——剥削别国为生。为此美国不断把自己的危机转嫁于人。

然而，从亚洲金融危机开始，这种金融危机的传染性越来越强破坏力越来越大。外国羊都死了美国怎能再继续靠剪羊毛为生呢，无羊毛可剪正是美国为忽视制造业所付出的巨大代价。

据美国劳动部统计，2011 年美国制造业就业人数与上一年同比增长 1.9%，达到 1179 万人，连续两年实现正增长。20 世纪 50 年代，美国每三个人中就有一个人从事制造业，而目前减少到十人中才有一个。

正如奥巴马在演说中所说，美国汽车产业正在回归。福特将零部件生产从中国与墨西哥转移到了美国；通用汽车加强了在美国国内的生产，在国内投资 71 亿美元，计划生产高质量汽车；福特、通用，再加上克莱斯勒，这三个汽车巨头为美国新增了 2 万个就业岗位。

海外企业也开始不断在美国建厂。2011 年，德国西门子在美国新建了燃气涡轮工厂，丰田汽车也在美国南部密西西比州启动了新的工厂。

此外，美国能源成本的降低也对提升制造业竞争力发挥了重要作用。通过被称为“页岩气革命”的新型天然气开发与扩大生产，美国天然气价格不断回落。美国的石化行业与钢铁行业争先建设以天然气为燃料或原料的工厂。2011 年，美国化学巨头陶氏化学宣布计划在美国国内建设石化工厂，这是 16 年来的第一次。

奥巴马的国家机器人计划

机器人已经广泛用于自动化生产线，机器人自动化生产的缺点在于这些设备本身重量大、价格昂贵，而赋予生产线机器人感知周围是否有人的能力，并且在必要的时候服从人的操作，这是新一代“协作机器人”所引领的方向。

根据开源机器人基金会的说法，协作机器人的使命是革新生产领域，如汽车、航空等领域。他还预测，协作机器人还会让医疗等主流市场实现自动化。

紧随工业自动化市场之后，下一个协作机器人的主要市场将会围绕家庭成员，特别是老人。只需要协作机器人的少许帮助，老人就能够在家独立生活。基金会建立了第一个开源的机器人操作系统，目前已经被超过10万个研究实验室下载，并且将开始在机器人生产领域使用。例如，由某公司和佐治亚理工大学的保健机器人实验室共同建立的“人性机器人”用来帮助老年人和残疾人，能够让老年人或者残疾人在家独立生活，帮助他们完成每一件事，从吃饭到抓痒。

其实机器人本来就诞生在美国，1961年由通用汽车首次使用，去年是工业机器人诞生50周年。根据国际机器人协会数据，目前，已经有超过100万个机器人广泛用于全球生产线。新的“协作机器人”将会让这一数字在未来数年内快速增长。佐治亚理工大学教授Henrik Christensen表示，协作机器人将首次获得许可在人类附近进行工作，消除了安全顾虑，也节省了多个人力。“协作机器人在工厂和美国的汽车工人一起工作，例如，机器人可以搬运较重的汽车部件，并固定在合适的位置供人操作，他们在固定螺栓、螺母和其他紧固件的时候表现得更好。

奥巴马的国家机器人计划将在2012年以7千万美元的合同方式激励工业自动化、老人协助和军事应用中的协同工作、协同生活和协同保护机器人研发。项目经理还会与5亿美元现金生产合作伙伴方共同工作，使用协作机器人，通过工人生产力的提高，将制造业重新带回到美国。

军方也在大力投入研发协作机器人。美国军队今年早些时候透露了一项工程班计划，让训练过的操作人员远程探测并拆除爆炸军械，并且为步兵和军警行动，如城市勘测。

结语

中国经济未来增量从哪里来

经济发展可以归结为三个发展阶段。当前中国正处于第一阶段基本走完，第二阶段即将开始的时期。等第一阶段的中国城市化完成后，中国人均 GDP 达到 1 万美元是没问题，因为中国目前还有至少 3 亿人口需要进入城市生活。然而，中国经济发展的第二阶段——自主创新和产业自立应该从哪入手呢？

将“精密制造”上升为国家战略

笔者在书中提出了将“精密制造”上升为国家战略的建议。精密制造业提供的都是制造业的关键零部件，是产业链的最顶端，也是利润最丰厚的部分。以空客、波音为代表的飞机，以苹果、三星、华为为代表的手机，以通用、大众为代表的汽车等，都需要大量的精密制造类产品。从规模上来看，精密制造业可以覆盖整个制造业的大约 1/3。目前中国进口的集成电路芯片的花费已经超过了进口石油的数额。虽然 A 股市场多次热炒“物联网”“核高基”概念，但很少有人知道，中国“核高基”等重大专项每年的投入合计不过数十亿元，加上集成电路设备专项亦不超过百亿元。而据研究机构的数据显示，三星、英特尔等企业每年的投资都在百亿美元以上。而我国最大的芯片企业中芯国际3年才拿到24亿元，平均一年也就1亿美元。而精密制造业是资金、技术、人才高度密集的产业，单靠企业无法支撑。芯片是个烧钱的产业。比如，设计需使用国外的软件，一个授权证书就100万美元。建设一条国际最先进的生产线，费用堪比创建一支航母编队。如果中国能提前在精密制造这一领域进行布局、深耕，就能尽快占据世界未来产业发展的制高点。同时精密制造也是当前中国寻求实体经济发展升级的一个重要推手。

中国社会并不缺乏钱，中国缺乏的是氛围和支持。在中国，一个领域一旦被国家重视，资金、人才、政策就会密集地向这个领域集中，这个领域就会有突飞猛进的发展。这从中国前几年的发展中就可以非常清晰地发现这一规律。比如提出发展装备制造业后，中国装备制造业迅速成长起来了；中国提出发展新兴产业后，中国太阳能、风能等产业迅速发展起来了，如果中国能像发展装备制造业和发展新兴产业一样将“精密制造业”写入国家文件，使之进入政府的话语体系，让“精密制造”一词成为人们耳熟能详的热门词汇，那各种各样的资金就会迅速聚集到这个领域，这个领域就会很快出现突破，根本不需要国家为此投多少钱。国家的重视比投钱更重要。

现在人们喜欢将转型与升级混为一谈。但科学地看，应该是先有升级，后有转型，转型只是升级的自然结果。西方国家之所以将转型用于现在的经济结构，也是其产业升级的结果。等中国在产业方面完成了升级，中国经济自然也就转型了，因此我们必须先从产业升级入手，而振兴“精密制造业”就是进行产业升级的一个最好的抓手，因此现在我们需要做的就是将其列入国家发展战略。现在中国每个产业都已经足够大，最关键的就是与精密制造密切相关的核心零部件不能自给，并且精密制造也是中国实体经济最后一块短板，只有把这块短板补上，中国实体经济的各个产业实现了自立，这就足以支撑中国经济增长到人均 GDP 2 万美元。

汽车产业将替代房地产行业成为中国新引擎

居民购买汽车是一种挡不住的趋势，拥堵也并非城市的必有现象。汽车的单价虽然比住房低很多，但后续消费大，而且每隔几年就要更换一次，因此从长远看，汽车产业的规模要超过房地产行业。目前，“有房没车”在中国还是一个非常普遍的情况，而在发达国家人均汽车拥有量早就超过了 1 辆，美国的比例是 1∶1.3，其他发达国家还要更高。根据最新数据，中国千人汽车保有量在 2014 年年末首次超过百辆，达到 105.83 辆/千人，也就是差不多每 10 个人才拥有 1 辆车，因此中国汽车产业还有 10 倍左右的增长空间。目前中国汽车保有量为 1.5 亿辆，未来还有 10 亿辆左右的增长空间，这新增的 10 亿辆汽车所带动的生产与消费将是多大的规模！如果再加上前面城市化和精密制造业所起的作用，足以将中国人均 GDP 提升到人均 3 万美元，达到中等发达国家的水平。

其实，汽车对提高经济效率的作用是毋庸置疑的。在北京，人们常说乘地铁是最快的交通方式，可那是在堵车的情况下；否则，走环城路比乘地铁要快 3 倍，即使轻微堵车，也要快上接近一半。道路狭窄是导致城市拥堵的主要原因，只要将城市道路改造得足够宽阔，或是使道路网的密度足够大，堵车现象完全可以避免。世界上也有很多人口密度很大但并不拥堵的城市。城市道路密度过小仍然是制约汽车发展的核心原因。

中国城市的道路面积狭小，主要是由历史原因造成的。在新建的城区，道路都比较宽阔，堵车现象也不严重，而老城区的道路结构大多是 20

世纪的规划，根本不能适应21世纪的发展，很多老楼又无法及时拆除，才导致了拥堵现象。比如，北京最重要的三环路目前只是双向6车道，早就应该改造成双向12车道。当前中国汽车业已经进入爆发式增长时期，因此汽车业对经济增长的拉动作用是完全可以期待的，并将很快实现。目前政府应该做的就是城市道路改造，将现有道路加宽、加密，以适应21世纪的人们对汽车的需求。当然，道路面积并不需要增加10倍，只要把现有的道路面积增加2 ~ 3倍，就足可以容纳超过10倍车辆，因为只要不堵车，道路的通行量是很大的。

中国一向以基础设施的快速发展为荣，但在所有的基础设施中，仅道路一项就远远低于发达国家的水平。比如，美国现有铁路40万公里，按照中国铁路的中长期规划，中国铁路里程到2020年，将达到10万公里，也就是说到2020年，中国铁路的里程才相当于美国的1/4，中国的人均铁路里程也仅相当于美国的1/16。目前美国拥有高速公路约10万公里，居世界第一，但目前中国高速公路通车总里程仅比美国的一半多一点，人均高速公路里程约为美国的1/8，按中国高速公路网的规划，中国计划用30年建成8.5万公里高速公路，即使这一目标实现，中国的人均高速公路里程也不到美国的1/5。中国在道路建设方面还有很强的潜力。

养老消费的巨大潜力

如果说精密制造业和汽车消费是未来10年的增长点，老年消费则是未来20年的经济增长点。在前面的分析中，笔者指出经济发展要达到4万美元，没有社会福利的支撑是不可能的，福利社会对经济最大的拉动作用就是养老消费。退休老人有稳定的收入，无后顾之忧，消费不亚于年轻人。中国大规模推广“五险一金”不过十来年时间，这一措施要充分发挥作用还需要 10 年以上时间，大概到 2020 年之后，拥有养老金的人群在中国才会占到较大比重，到那时候，老年消费才会增加。当前中国的老人也并不少，但是绝大部分没有养老金，因此不能形成老年消费，养老金的工资替代率一般为工资的 60% ~ 70%，到 2020 年中国老年人口规模大约为 3 亿人，如果这 3 亿人都有养老金的话，就基本相当于增加 3 亿消费人口，这又将是怎样的经济规模增量！在前面提到的城市化、精密制造业、汽车业三大经济增长点的基础上，再加上老年消费，可以使中国人均 GDP 再增长 1 万美元，达到 4 万美元，基本达到美欧等发达国家现在的发展水平。

老年消费不可忽视，有研究表明，中国的老年消费预计到 2020 年将达到 3.3 万亿元，到 2030 年将达到 8.6 万亿元，到 2040 年将达到 17.5 万亿元。目前，日本人平均每年的出游次数是 9 次，美国是 7 次，而中国只有 2 次，在旅游中，老年旅游将成为中国旅游业的重要增长点。到 2020 年，中国退休金总额将达 28 145 亿元；到 2030 年，退休金总额将达到 73 210 亿元。这些退休金足以支撑老年消费的发展。

为了让将来的老年消费更加旺盛，中国目前应该增加对企业缴纳保险的强制性，现在增加一个养老保险，未来就多一份消费，经济就增加一份动力。也就是现在年轻公民缴纳的养老金就是 10 年、20 年后中国经济增长的潜在力量，政府不可不未雨绸缪。老年消费可以使中国人均 GDP 再增长 1 万美元，达到 4 万美元。

当然，进入发达社会之后，经济增长点不像以前那么单一、那么明显，经济增长点也将趋于分散，但是增长潜力都会更大。在未来，比如美容、化妆品的消费，城市清洁、美化的消费，居民健康、休闲娱乐，美食、旅游的消费都会大幅增长，这些分散在各个领域的消费就足可以将中国经济提升到人均 GDP 6 万美元。

能源：一个不值得担心的问题

很多人可能会为中国的能源问题进行担心，其实这种担心是完全没必要的。人类进入现代社会以后，能源的利用主要经历了三大阶段：第一阶段主要依靠煤电，第二阶段主要依靠核电，第三阶段主要依靠太阳能。目前，中国还处于第一阶段，而发达国家已经处于第二阶段向第三阶段过渡的时代。在德、法等欧洲国家，电力的 70% ~ 80% 都是来源于核电，而随着太阳能发电成本的降低，欧洲国家正在进入第三阶段。在欧洲，太阳能已经变的非常普遍，根据德国的规划，在 2020 年之前德国将关闭所有的核电站，全面进入太阳能时代，现在在欧洲太阳能发电的成本已经基本与煤电相当，比核电成本还要低。从长远看，取之不尽，用之不竭的太阳能将是世界上最便宜的能源，因为太阳能发电的边际成本几乎为零，因此也有学者把即将到来的太阳能时代称为“零成本社会时代”，而随着充电技术的改进，未来电动汽车也将成为汽车的主力。因此，我们完全没有必要为能源问题担忧，因为不等化石能源用完，太阳能时代就会提前来临，而且太阳能本身就是一个非常重要的经济增长点，在太阳能时代中国也将不需要大规模进口能源，届时中国完全可以自己提供。

警惕美国实体经济垮掉的教训

近日中国一些被称为“新供给主义”的学术思潮开始浮出水面，然而供给学派出山，从来就不是什么好征兆，因为自资本主义诞生以来，人类经济从来就没有出现过供给的问题，一直是需求的问题。而当供给被人提出的时候，无疑是实体经济出现了巨大的危机，当下的中国是这样，当年的美国也是这样。

美国实体经济是如何垮掉的

20 世纪 70 年代，资本主义世界出现了滞胀，这次滞胀主要是由于石油因素所致。中东战争期间，阿拉伯国家以石油为武器与西方对抗，一时间石油价格翻了 10 番还要多，与之相伴的则是发达国家的经济滞胀，滞胀在历史上出现的并不多，因为以前的世界经济联系没那么紧密。经济停滞时一般是经济衰退时，同时一般会伴随通缩。但 20 世纪 70 年代发达国家的危机显然不是经济周期所导致的衰退，而是战争的结果，因此也不会出现与经济周期性衰退时所出现的通缩紧缩，而是输入型通胀，其实这点在经济学界是有共识的。

而民众并不管这些，他们要求控制通胀，政客需要控制通胀，但这种为治理通胀而治理通胀的做法必然会带来更大的负面效果。其实通胀真要治理，也并非很难，无非是紧缩货币，人为制造一场经济危机而已，美国确实就是这样做的，演员出身的里根总统采用了精算师出身的经济学者弗里德曼的馊主意：紧缩货币，控制通胀。

而任何货币紧缩都是有代价的，货币紧缩对老百姓没影响，但对企业却是伤筋动骨的，美国 20 世纪 80 年代初期的利率最高时达到了 20%，几乎相当于平时的 10 倍，这没有任何一个企业可以承担的起，因此当时的美国，除了少数大企业进行了跨国转移之外，大部分制造企业都倒闭了。这也是美国制造业消失的历史背景。

其实发达国家并非就不一定没有制造业，日本、德国、北欧等国都是发达经济体，都是以制造业见长，而没有制造业的只有美国和英国。美国用弗里德曼的高利率政策击垮了美国的所有制造业，而英国则采用哈耶克的私有化政策变卖了所有的制造业。现在的美国连起重机都生产不了，而英国连一个自己的汽车品牌都没有。

人的失败并不一定会成为后人的教训，错误频繁上演也是历史的常态。不过这次轮到了中国，2008 年世界经济危机之后，中国采取了史上最大规模的反危机措施，同时中国经济也出现了一个新的高峰，增长速度重新达到了两位数。然而与历史上的每一次经济高峰一样，经济高峰的同时，也是通胀的高峰，一时间，奥地利学派和货币主义在中国大行其道，他们批判政府投资，并且造了“货币超发”和“货币空转”的说辞，中国在这些人的压力下实行了错误的货币紧缩政策，使实体经济遭受重创。

中国也开始面临着类似的问题。而且一直在步美国的后尘：货币紧缩导致实体经济危机，供给学派提出减税，民众被政治和学术的巫毒所迷惑，不明就里地支持，而一段时间后这会使整个国家都成为债务的奴隶，这很值得警惕。

增强战略定力　尽快走完跨越期

十八届三中全会上，中国又重申了两个一百年的目标，时间看似很长，却没有多少时间可以让我们浪费。经济危机之时，欧美虚弱，本来正是我们弯道超车的好机会，但是这几年中国的发展并不平坦，从 2011 年下半年开始，中国经济进入低速增长，几年的大好时机被白白浪费。

经济危机后，我们有过四万亿，有过高通胀，有过大紧缩，有过信贷便利，有过合意贷款，有过定向宽松，有过微刺激，有过对福利社会的妖魔化，也有过奥地利学派的喧嚣，有过繁荣，也有过萧条，政策波动很大。

这几年，各种社会力量，特别是舆论力量对政府政策的制约越来越大，即使中国将来不发生动乱也存在通过政策使中国发展偏离轨道，甚至出现颠覆性错误的风险。当然这跟我们所处的阶段有关，目前我们中国处于跨越期，农村生活已经日渐远去，国民收入应付农村生活已经有余，应付城市生活又远远不够，这是最困难的一段时期，也是各种矛盾和怨言最多的时期，随着经济的发展，等中国人的收入可以应付城市生活的时候，各种社会矛盾也就自然缓解下来，因此最重要的还是要提高民众收入，只有成倍地增加人民的收入才可以应付这种城市生活开支。而提高收入还是要靠发展，因此经济增长是必要的。“发展是硬道理”“发展是第一要务”的论断对当下中国并没过时，当前的矛盾与问题，靠经济减速是解决不了的，只能靠继续发展，这就像过河一样，遇到湍流，停没有用，回去也不行，只能闯过去，闯过去了也就没事了。

当前我们必须建立排除干扰的能力。这就如习近平主席 2015 年 1 月 23 日在《十八届中共中央政治局集体学习》（第二十讲）中指出的那样“必须高度重视理论的作用，增强理论自信和战略定力，要根据时代变化和实践发展，不断深化认识，不断总结经验，不断实现理论创新和实践创新良性互动”。

危机之后，我思考了很多，写了很多，也呼吁了很多，此期间我的经济思想也基本成熟，也有了自己的体系，有了自己的研究成果。关于经济增长、经济稳定、经济危机都用了比较系统的认识，笔者的研究就是为了建立更好的经济分析框架，也是为了更好地排除干扰。

因为经济增长不是难事，关键是不犯错，不受干扰，不因各种颠覆性错误而中断经济发展进程，只要做到这些就可以保持自然而然的增长，所谓自然而然的增长，就是将人类现有的科技成就同本国人民的需求充分对接起来，只要做到了这样就足以保持一个较高的增长速度。

不仅要解放自己的思想，也要更新别人的思想

我们保持理论自信，增强战略定力，**不仅需要解放自己的思想，也需要帮助别人更新思想。**帮别人树立正确的理念。因为在现实中各种矛盾、各种干扰到一定阶段必然会表现出来，你想躲都躲不开，这时只能靠提高我们的应对本领才能化解。

这种应对的过程就是思想的竞争、学术的竞争。为什么人家说的就是错的？错在哪里？当别人将一个难题抛给你的时候，你如何迎刃而解，这才是真正的考验。

应对干扰，首先就需要我们具备更广阔的视野、更先进的理念，一方面是让我们自己不受错误舆论的误导，但更重要的是对经济理念进行创新，经济思想史中的各种经济思想都是在应对现实经济问题时产生的，以往的理念往往并不能解决现实的问题。

这是因为经济学的核心研究力量一直在西方发达国家，而发达国家的经济学研究与发展中国家的需求是不一致的，发达国家面临的问题我们不需要研究，而我们面临的问题他们没有研究过。因此，现有的经济学表面看起来非常丰富，其实非常单薄，一本厚厚的经济学教材去除公式模型部分之后，所剩内容无几。我们需要创建属于我们的经济增长理论、经济稳定理论、经济治理理念、财政税收理论、民生福利理论等，只有这样才能实现更快更好的发展，而这也是我一直的研究方向。

推荐阅读

粮价谁决定：食品价格中的经济学

作者：（美）帕特里克·韦斯特霍夫 ISBN：978-7-111-33618-1 定价：38.00元

什么影响着你的盘中餐？2010年，全球食品价格上涨了29%。粮食安全现在已经成为全球安全问题。——世界银行

水危机：解读全球水资源、水博弈、水交易和水管理

作者：科林·查特斯 等 ISBN：978-7-111-38254-6 定价：36.00元

揭示21世纪最紧张的资源问题 剖析水资源的紧缺程度 解读水危机的各种成因 详述水管理的先进经验 提供水危机的解决方案

揭秘老龄化

作者：（美）泰德 C. 费晓 ISBN：978-7-111-35844-2 定价：49.80元

一个史无前例的庞大老龄人群的出现，会对我们所有人产生怎样的影响？老龄化离我们有多近？

全球能源大趋势

作者：（美）斯科特 L. 蒙哥马利 ISBN：978-7-111-39341-2 定价：49.90元

这是一本重要的能源战略参考 美国的能源战略前瞻
能源主导的六大条件 全球能源安全、能源博弈、能源开发

中国战略性新兴产业发展及管理实践

作者：中国电子信息产业发展研究院 等 ISBN：978-7-111-38688-9 定价：118.00元

变革求新，开创中国发展新模式 如何打破资源瓶颈，构筑特色产业版图？如何突围定位擎肘，实现战略转型提升？

中国战略性新兴产业发展及应用实践

作者：中国电子信息产业发展研究院 等 ISBN：978-7-111-36567-9 定价：118.00元

引领未来的中国战略 政府部门如何因地制宜，科学规划独具特色的发展版图？